精装珍藏版

大师国学课
国文篇

史铁生 等著

中国经济出版社
·北京·

图书在版编目（CIP）数据

大师国学课：精装珍藏版. 国文篇／史铁生等著. --北京：中国经济出版社，2024.8. --（中国文化经典大师说）. -- ISBN 978-7-5136-7865-0

Ⅰ.Z126-49

中国国家版本馆 CIP 数据核字第 2024GC3613 号

责任编辑	张　丽
特约策划	润墨文化
责任印制	马小宾
封面设计	平　平

出版发行　中国经济出版社
印　刷　者　北京鑫益晖印刷有限公司
经　销　者　各地新华书店
开　　　本　880mm×1230mm　1/32
印　　　张　8.5
字　　　数　190 千字
版　　　次　2024 年 8 月第 1 版
印　　　次　2024 年 8 月第 1 次印刷
定　　　价　68.00 元
广告经营许可证　京西工商广字第 8179 号

中国经济出版社 网址 http://epc.sinopec.com/epc/ 社址 北京市东城区安定门外大街 58 号 邮编 100011
本版图书如存在印装质量问题，请与本社销售中心联系调换（联系电话：010-57512564）

版权所有　盗版必究（举报电话：010-57512600）
国家版权局反盗版举报中心（举报电话：12390）　服务热线：010-57512564

我们站立在高高的山巅,化身为一望无边的远景,
化成面前的广漠的平原,化成平原上交错的蹊径。
哪条路,哪道水,没有关联,
哪阵风,哪片云,没有呼应;
我们走过的城市、山川,都化成了我们的生命。
……
我们随着风吹,随着水流,
化成平原上交错的蹊径,化成蹊径上行人的生命。

——冯至

编者的话

这是一套面向年轻读者普及优秀国学文化的简明读本,涵盖中国传统文化各个方面,分为八册:国学篇、哲学篇、历史篇、美学篇、国文篇、读书与做人篇、诗词鉴赏篇、文字学启蒙篇。

本系列图书力求从前辈文化大师的经典文章中撷取精华,帮助读者在各个方面对中国文化有一个框架化的认识,并将大师们最富活力和创造力的知识与人生智慧应用于现代读者的日常生活、工作和学习之中。

更重要的是,这套书将带领读者穿越时间的阻隔,接续悠久而厚重的文明脉络,探寻中国人的文化基因,领略优雅、博大、充满思辨精神和生命智慧的传统文化之美……

因写作和出版时代较为久远,本书所选篇目中的一些遣词造句、古今人名、地名、译名等与现代通行出版规范有所不同,一些语法表述及标点符号的使用也有些微差异,为照顾现代读者的阅读体验,在编辑过程中有所改动,正文中不再注明,请读者予以谅解。

需要特别说明的是,本书所选作品,我们已经尽可能一一获取著作权。如存在因疏漏未取得著作权的情况,敬请相关权利人与我们联系,以便我们寄奉稿酬,并致谢忱!

目录 CONTENTS

001/ 万物生长

003　窗前的树——朱自清

005　二月兰——季羡林

008　荔枝蜜——杨　朔

011　杨　柳——丰子恺

015　秋——丰子恺

019　蝉与纺织娘——郑振铎

023　没有秋虫的地方——叶圣陶

025　鸟的天堂——巴　金

028　海　燕——郑振铎

031　繁　星——巴　金

033　合欢树——史铁生

037/ 旧时风日

- 039　我与地坛——史铁生
- 062　沙坪小屋的鹅——丰子恺
- 067　沙坪的美酒——丰子恺
- 071　慈慧殿三号——朱光潜
- 077　后门大街——朱光潜
- 082　春　阳——施蛰存
- 092　桨声灯影里的秦淮河——朱自清

101/ 烟火人间

- 103　略谈杭州北京的饮食——俞平伯
- 112　市声拾趣——张恨水
- 114　北平的零食小贩——梁实秋
- 122　端午给我的特别印象——沈从文

125　圣诞节——朱自清

129　过　年——老　舍

132　社　戏——鲁　迅

140　年味忆燕都——张恨水

143/ 不变其文

145　国文与国语——梁实秋

149　文——朱自清

167　中国韵文里头所表现的情感——梁启超

176　中国文学过去与来路——胡　适

182　文学小言——王国维

188　略说中西文化——熊十力

192　文学的派别——章太炎

211/ 故语新知

213 为什么要爱国——潘大道

217 科学精神与东西文化——梁启超

226 中国人文思想的骨干——潘光旦

240 人的文学——周作人

249 中国人失掉自信力了吗？——鲁 迅

251 言论自由的界限——鲁 迅

253 人的控制与物的控制——潘光旦

万物生长

窗前的树

朱自清

我的窗前有一棵树。

那是一棵高大的洋槐。树冠差不多可达六层的楼顶。粗壮的树干与三层的阳台相齐,碧绿而茂密的树叶部分正对着我的四楼的窗户。

坐在我的书桌前,一树浓阴收入眼底。从春到秋,由晨至昏,任是着意的或是不经意抬头,终是满眼的赏心悦目。

那树想必已生长了多年。我们还没有搬来的时候,它就站立在这里了。或许,我还没出生的时候,它就已成为一棵树了。就因为它的缘故,我们曾真心希望能拥有这个单元的一扇窗。后来果真如愿,我们从此天天享受着它的清凉与恬静,很是满足,很觉幸福。

洋槐在春天,似乎比其它的树都沉稳些。杨与柳都已翠叶青青,它才爆出米粒般大的嫩芽,只星星点点的一层隐绿,悄悄然绝不喧哗。又过了些日子,忽然就挂满了一串串葡萄似的花苞,又如一只只浅绿色的蜻蜓缀满树枝——当它张开翅膀跃跃欲飞时，薄薄的羽翼在春日温和的云朵下染织成一片耀眼的银色。那个清晨你会被一阵来自梦中的花香唤醒，那香味甘甜淡雅、撩人心脾却又若有若无。你寻着这馥郁走上阳台，你的精神为之一振，你的眼前为之一亮，顿时整个世界都因此灿烂而壮丽：满满的一树雪白，袅袅低垂，如瀑布倾泻四溅。银珠般的花瓣在清风中微微飘荡，花气熏人，人也陶醉。

便设法用手勾一串鲜嫩的槐花，一小朵一小朵地放进嘴里，如一个圣洁的吻，甜津津、凉丝丝的。轻轻地咽下，心也香了。洋槐开花的日子，是我们的槐花节。

槐花开过，才知春是真的来了。铺在桌上的稿纸，便也文思灵动起来。那时的文字，就有了些许轻松。

夏日的洋槐，巍巍然郁郁葱葱，一派的生机勃发。骄阳下如华盖蔽日，烈焰下送来阵阵清风。夏日常有雨，暴雨如注时，偏爱久久站在窗前看我的槐树——它任凭狂风将树冠刮得东歪西倒，满树的绿叶呼号犹如一头发怒的雄狮，它翻滚，它旋转，它颤栗，它呻吟。曾有好几次我以为它会被风暴折断，闪电与雷鸣照亮黑暗的瞬间，我窥见它的树干却始终岿然。大雨过后，它轻轻抖落身上的水珠，那一片片细碎光滑的叶子被雨水洗得发亮，饱含着水分，安详而平静。

二月兰

季羡林

二月兰是一种常见的野花，花朵不大，紫白相间。我在燕园里已经住了四十多年，最初我并没有特别注意到这种小花，直到前年，宅旁、篱下、林中、山头、土坡、湖边，只要有空隙的地方，都是一团紫气，间以白雾，小花开得淋漓尽致，气势非凡，紫气直冲云霄，连宇宙都仿佛变成紫色的了。

自从意识到二月兰存在以后，一些同二月兰有联系的回忆立即涌上心头。原来很少想到的事情，现在想到了；原来认为十分平常的琐事，现在显得十分不平常了。我一下子清晰地意识到，原来这种十分平凡的野花竟在我的生命中占有这样重要的地位。

我回忆的丝缕是从楼旁的小土山开始的。这种野花碰到小年，只在小山前后稀疏地开上那么几片。遇到大年，则山前山后开成大片。二月兰仿佛发了狂。我们常讲什么什么花"怒放"，这个"怒"字用得真是无比地奇妙。二月兰一"怒"，仿佛从土地深处吸来一股原始力量，一定要把花开遍大千世界，紫气直冲云霄，连宇宙都仿佛变成紫色的了。

东坡的词说:"人有悲欢离合,月有阴晴圆缺,此事古难全。"但是花们好像是没有什么悲欢离合。应该开时,它们就开;该消失时,它们就消失。一切顺其自然,自己无所谓什么悲与喜。我的二月兰就是这个样子。

然而,人这个万物之灵却偏偏有了感情,有了感情就有了悲欢。人自己多情,又把情移到花,"泪眼问花花不语",花当然"不语"了。如果花真"语"起来,岂不吓坏了人!这些道理我十分明白。然而我仍然把自己的悲欢挂到了二月兰上。

当年老祖还活着的时候,每到二月兰开花的时候,她往往拿一把小铲,带一个黑书包,到成片的二月兰旁青草丛里去搜挖荠菜。只要看到她的身影在二月兰的紫雾里晃动,我就知道在午餐或晚餐的餐桌上必然弥漫着荠菜馄饨的清香。当婉如还活着的时候,她每次回家,只要二月兰正在开花,她离开时,总穿过左手是二月兰的紫雾,右手是湖畔垂柳的绿烟,匆匆忙忙走去,把我的目光一直带到湖对岸的拐弯处。我的小猫虎子和咪咪还在世的时候,我也往往在二月兰丛里看到它们:一黑一白,在紫色中格外显眼。

所有这些琐事都是寻常到不能再寻常了。然而,曾几何时,到了今天,老祖和婉如已经永远永远地离开了我们。虎子和咪咪也不知钻到了燕园中哪一个幽暗的角落里,等待死亡的到来。如今,天地虽宽,阳光虽照样普照,我却感到无边的寂寥和凄凉。

对于我这样的心情和我的一切遭遇,我的二月兰一点也无动于衷,照样自己开花。世事沧桑,于它如浮云。我想学习二月兰,然而办不到。不但如此,它还硬把我的记忆牵回到我一生最倒霉的时候。在十年浩劫中,我被管制劳动改造,每天到一个地方去捡破砖碎瓦,还随时准备着被红卫兵押解到什么地方去"批斗",可是在砖瓦缝里二月兰依然开放,笑对春风。

在很长的一段时间内,我成了"不可接触者",几年没接到过一封信,很少有人敢同我打个招呼。然而我一回到家里,老祖、德华他们,在每人每月只能得到恩赐十几元生活费的情况下,殚思竭虑,弄一点好吃的东西,婉如和延宗也尽可能地多回家来。我的小猫憨态可掬,依偎在我的身旁。所有这一些极其平常的琐事,都给我带来了无量的安慰。

我感觉到悲,又感觉到欢。

到了今天,否极泰来,我一下子成为"极可接触者"。到处听到的是美好的言辞,到处见到的是和悦的笑容。然而,一回到家,虽然德华还在,延宗还在,可我的老祖到哪里去了呢?我的婉如到哪里去了呢?世界虽照样朗朗,阳光虽照样明媚,我却感觉异样的寂寞与凄凉。

我感觉到欢,又感觉到悲。

……按说我早已到了"悲欢离合总无情"的年龄,应该超脱一点了。然而在离开这个世界以前,我还有一件心事:我想弄清楚,什么叫"悲"?什么又叫"欢"?

如果没有老祖和婉如的逝世,这问题本来是一清二白的。现在却是悲欢难以分辨了。我想得到答复,走上了每天必登临的小山,问三十多年来目睹我这些悲欢离合的二月兰,它却沉默不语,兀自万朵怒放,笑对春风,紫气直冲霄汉。

荔枝蜜

杨 朔

花鸟草虫，凡是上得画的，那原物往往也叫人喜爱。蜜蜂是画家的爱物，我却总不大喜欢。说起来可笑，小时候有一回上树掐海棠花，不想叫蜜蜂蜇了一下，痛得我差点儿跌下来。大人告诉我，蜜蜂轻易不蜇人，准是误以为你要伤害它，才蜇；一蜇，它自己就耗尽了生命，也活不久了。我听了，觉得那蜜蜂可怜，原谅它了。可是从此以后，每逢看见蜜蜂，感情上疙疙瘩瘩的，总不怎么舒服。

今年四月，我到广东从化温泉小住了几天。那里四围是山，环抱着一潭春水。那又浓又翠的景色，简直是一幅青绿山水画。刚去的当晚是个阴天，偶尔倚着楼窗一望，奇怪啊，怎么楼前凭空涌起那么多黑黝黝的小山，一重一重的，起伏不断？记得楼前是一片园林，不是山。这到底是什么幻景呢？赶到天明一看，忍不住笑了。原来是满野的荔枝树，一棵连一棵，每棵的叶子都密得不透缝，黑夜看去，可不就像小山似的！

荔枝也许是世上最鲜最美的水果。苏东坡写过这样的诗句：

"日啖荔枝三百颗，不辞长作岭南人。"可见荔枝的妙处。偏偏我来得不是时候，荔枝刚开花。满树浅黄色的小花，并不出众。新发的嫩叶，颜色淡红，比花倒还中看些。从开花到果子成熟，大约得三个月，看来我是等不及在这儿吃鲜荔枝了。

吃鲜荔枝蜜，倒是时候。有人也许没听说这稀罕物儿吧？从化的荔枝树多得像汪洋大海，开花时节，那蜜蜂满野嘤嘤嗡嗡，忙得忘记早晚。荔枝蜜的特点是成色纯，养分多。住在温泉的人多半喜欢吃这种蜜，滋养身体。热心肠的同志送给我两瓶。一开瓶塞儿，就是那么一股甜香；调上半杯一喝，甜香里带着股清气，很有点鲜荔枝的味儿。喝着这样的好蜜，你会觉得生活都是甜的呢。

我不觉动了情，想去看看一向不大喜欢的蜜蜂。

荔枝林深处，隐隐露出一角白屋，那是温泉公社的养蜂场，却起了个有趣的名儿，叫"养蜂大厦"。一走近"大厦"，只见成群结队的蜜蜂出出进进，飞去飞来，那沸沸扬扬的情景会使你想，说不定蜜蜂也在赶着建设什么新生活呢。

养蜂员老梁领我走进"大厦"。叫他老梁，其实是个青年，举动挺稳重。大概是老梁想叫我深入一下蜜蜂的生活，他小心地揭开一个木头蜂箱，箱里隔着一排板，板上满是蜜蜂，蠕蠕地爬动。蜂王是黑褐色的，身量特别长，每只工蜂都愿意用自己分泌的王浆来供养它。

老梁赞叹似的轻轻说："你瞧这群小东西，多听话！"

我就问道："像这样一窝蜂，一年能割多少蜜？"

老梁说："能割几十斤。蜜蜂这东西，最爱劳动。广东天气好，花又多，蜜蜂一年四季都不闲着。酿的蜜多，自己吃的可有限。每回割蜜，留下一点点，够它们吃的就行了。它们从来不争，也不计较什么，还是继续劳动，继续酿蜜，整日整月不辞辛苦……"

我又问道："这样好蜜，不怕什么东西来糟蹋吗？"

老梁说："怎么不怕？你得提防虫子爬进来，还得提防大黄蜂。大黄蜂这贼最恶，常常落在蜜蜂窝洞口，专干坏事。"

我不觉笑道："噢！自然界也有侵略者。该怎么对付大黄蜂呢？"

老梁说："赶！赶不走就打死它。要让它待在那儿，会咬死蜜蜂的。"

我想起一个问题，就问："一只蜜蜂能活多久？"

老梁说："蜂王可以活三年，工蜂最多活六个月。"

我不禁一颤：多可爱的小生灵啊！对人无所求，给人的却是极好的东西。蜜蜂是在酿蜜，又是在酿造生活；不是为自己，而是为人类酿造最甜的生活。蜜蜂是渺小的，蜜蜂却又多么高尚啊！

透过荔枝树林，我望着远远的田野，那儿正有农民立在水田里，辛勤地分秧插秧。他们正用劳力建设自己的生活，实际也是在酿蜜——为自己，为别人，也为后世子孙酿造生活的蜜。

这天夜里，我做了个奇怪的梦，梦见自己变成一只小蜜蜂。

杨　柳

丰子恺

　　因为我的画中多杨柳,就有人说我喜欢杨柳;因为有人说我喜欢杨柳,我似觉自己真与杨柳有缘。但我也曾问心,为什么喜欢杨柳?到底与杨柳有什么深缘?其答案了不可得。

　　原来这完全是偶然的:昔年我住在白马湖上,看见人们在湖边种柳,我向他们讨了一小株,种在寓屋的墙角里。因此给这屋取名为"小杨柳屋",因此常取见惯的杨柳为画材,因此就有人说我喜欢杨柳,因此我自己似觉与杨柳有缘。假如当时人们在湖边种荆棘,也许我会给屋取名为"小荆棘屋",而专画荆棘,成为与荆棘有缘,亦未可知。天下事往往如此。

　　但假如我存心要和杨柳结缘,就不说上面的话,而可以附会种种的理由上去。或者说我爱它的鹅黄嫩绿,或者说我爱它的如醉如舞,或者说我爱它像小蛮的腰,或者说我爱它是陶渊明的宅边所种,或者还可引援"客舍青青"的诗,"树犹如此"的话,以及"王恭之貌""张绪之神"等种种古典来,作为自己爱柳的理由。即使要找三百个冠冕堂皇、高雅深刻的理由,也是很容易的。天下事又往往如此。

也许我曾经对人说过"我爱杨柳"的话。但这话也是随缘的。仿佛我偶然买一双黑袜穿在脚上,逢人问我"为什么穿黑袜"时,就对他说"我喜欢穿黑袜"一样。

实际上,我向来对于花木无所爱好;即有之,亦无所执着。这是因为我生长穷乡,只见桑麻、禾黍、烟片、棉花、小麦、大豆,不曾亲近过万花如绣的园林。只在几本旧书里看见过"紫薇""红杏""芍药""牡丹"等美丽的名称,但难得亲近这等名称的所有者。并非完全没有见过,只因见时它们往往使我失望,不相信这便是曾对紫薇郎的紫薇花,曾使尚书出名的红杏,曾傍美人醉卧的芍药,或者象征富贵的牡丹。我觉得它们也只是植物中的几种,不过少见而名贵些,实在也没有什么特别可爱的地方,似乎不配在诗词中那样地受人称赞,更不配在花木中占据那样高尚的地位。因此我似觉诗词中所赞叹的名花是另外一种,不是我现在所看见的这种植物。我也曾偶游富丽的花园,但终于不曾见过十足地配称"万花如绣"的景象。

假如我现在要赞美一种植物,我仍是要赞美杨柳。但这与前缘无关,只是我这几天的所感,一时兴到,随便谈谈,也不会像信仰宗教或崇拜主义地毕生皈依它。为的是昨日天气佳,埋头写作到傍晚,不免走到西湖边的长椅子里去坐了一会儿。看见湖岸的杨柳树上,好像挂着几万串嫩绿的珠子,在温暖的春风中飘来飘去,飘出许多弯度微微的 S 线来,觉得这一种植物实在美丽可爱,非赞它一下不可。

听人说,这种植物是最贱的。剪一根枝条来插在地上,它也会活起来，后来变成一株大杨柳树。它不需要高贵的肥料或工深的壅培，只要有阳光、泥土和水，便会生活，而且生得非常强健而美丽。牡丹花要吃猪肚肠，葡萄藤要吃肉汤，许多花木要吃豆饼；但杨柳树不要吃人家的东西，因此人们说它是"贱"的。大概"贵"是要吃的意思。越要吃得多，越要吃得好，就是越"贵"。吃得很多很好而没有用处，只供观赏的，似乎更贵。例如，牡丹比葡萄贵，因为牡丹吃了猪肚肠只供观赏，而葡萄吃了肉汤有结果的缘故。杨柳不吃人的东西，且有木材供人用，因此被人看作"贱"的。

我赞杨柳美丽，但其美与牡丹不同，与别的一切花木都不同。杨柳的主要的美点，是其下垂。花木大都是向上发展的，红杏能长到"出墙"，古木能长到"参天"。向上原是好的，但我往往看见枝叶花果蒸蒸日上，似乎忘记了下面的根，觉得其样子可恶；你们是靠它养活的，怎么只管高居在上面，绝不理睬它呢？你们的生命建设在它上面，怎么只管贪图自己的光荣，而绝不回顾处在泥土中的根本呢？

花木大都如此。甚至下面的根已经被斫，而上面的花叶还是欣欣向荣，在那里作最后一刻的威福，真是可恶而又可怜！杨柳没有这般可恶可怜的样子：它不是不会向上生长。它长得很快，而且很高；但是越长得高，越垂得低。千万条陌头细柳，条条不忘记根本，常常俯首顾着下面，时时借了春风之力，向处在泥土中的根本拜舞，或者和它亲吻。好像一群活泼的孩子环绕着他们的慈母而游戏，但时时依傍到慈母的身边去，或者扑进慈母的怀里去，使人看了觉得非常可爱。杨柳树也有高出墙头的，但我不嫌它高，为了它高而能下，为了它高而不忘本。

自古以来，诗文常以杨柳为春的一种主要题材。写春景曰"万树垂杨"，写春色曰"陌头杨柳"，或竟称春天为"柳条春"。我以为这并非仅为杨柳当春抽条的缘故，实因其树有一种特殊的姿态，与和平美丽的春光十分调和的缘故。这种姿态的特点，便是"下垂"。不然，当春发芽的树木不知凡几，何以专让柳条作春的主人呢？只为别的树木都凭仗了东君的势力而拼命向上，一味好高，忘记了自己的根本，其贪婪之相不合于春的精神。最能象征春的神意的，只有垂杨。

这是我昨天看了西湖边上的杨柳而一时兴起的感想。但我所赞美的不仅是西湖上的杨柳。在这几天的春光之下，乡村处处的杨柳都有这般可赞美的姿态。西湖似乎太高贵了，反而不适于栽植这种"贱"的垂杨呢。

秋

丰子恺

我的年岁上冠用了"三十"二字,至今已两年了。

不解达观的我,从这两个字上受到了不少的暗示与影响。

虽然明明觉得自己的体格与精力比二十九岁时全然没有什么差异,但"三十"这一个观念笼在头上,犹之张了一顶阳伞,使我的全身蒙了一个暗淡色的阴影。

又仿佛在日历上撕过了立秋的一页以后,虽然太阳的炎威依然没有减却,寒暑表上的热度依然没有降低,然而只当得余威与残暑,或霜降木落的先驱,大地的节候已从今移交于秋了。

实际,我两年来的心情与秋最容易调和而融合。这情形与从前不同。

在往年,我只慕春天。我最欢喜杨柳与燕子。尤其欢喜初染鹅黄的嫩柳。

我曾经名自己的寓居为"小杨柳屋",曾经画了许多杨柳燕子的画,又曾经摘取秀长的柳叶,在厚纸上裱成各种风调的眉,想象这等眉的所有者的颜貌,而在其下面添描出眼鼻与口。

那时候，每逢早春时节，正月二月之交，看见杨柳枝的线条上挂了细珠，带了隐隐的青色而"遥看近却无"的时候，我心中便充满了一种狂喜，这狂喜又立刻变成焦虑，似乎常常在说："春来了！不要放过！赶快设法招待它，享乐它，永远留住它。"

我读了"良辰美景奈何天"等句，曾经真心地感动。以为古人都太息一春的虚度。前车可鉴！到我手里决不放它空过了。

最是逢到了古人惋惜最深的寒食清明，我心中的焦灼便更甚。那一天我总想有一种足以充分酬偿这佳节的举行。我准拟作诗、作画，或痛饮、漫游。

虽然大多不被实行；或实行而全无效果，反而中了酒，闹了事，换得了不快的回忆；但我总不灰心，总觉得春的可恋。

我心中似乎只有知道春，别的三季在我都当作春的预备，或待春的休息时间，全然不曾注意到它们的存在与意义。

而对于秋，尤无感觉：因为夏连续在春的后面，在我可当作春的过剩；冬先行春的前面，在我可当作春的准备；独有与春全无关联的秋，在我心中一向没有它的位置。

自从我的年龄告了立秋以后，两年来的心境完全转了一个方向，也变成秋天了。

然而情形与前不同：并不是在秋日感到像昔日的狂喜与焦灼。我只觉得一到秋天，自己的心境便十分调和。非但没有那种狂喜与焦灼，直常常为秋风秋雨秋色秋光所吸引而融化在秋中，暂时失却了自己的所在。

而对于春，又并非像昔日对于秋的无感觉。我现在对于春非常厌恶。每当万象回春的时候，看到群花的斗艳，蜂蝶的扰攘，以及草木昆虫等到处争先恐后地滋生繁殖的状态，我觉得天地间的凡庸、贪婪、无耻与愚痴，无过于此了！

尤其是在青春的时候，看到柳条上挂了隐隐的绿珠，桃枝上着了点点的红斑，最使我觉得可笑又可怜。

我想唤醒一个花蕊来对它说：

"啊！你也来反复这老调了！我眼看见你的无数的祖先，个个同你一样地出世，个个努力发展，争荣竞秀；不久没有一个不憔悴而化泥尘。你何苦也来反复这老调呢？"

"如今你已长了这孽根，将来看你弄娇弄艳，装笑装颦，招致了蹂躏、摧残、攀折之苦，而步你祖先们的后尘！"

实际，迎送了三十几次的春来春去的人，对于花事早已看得厌倦，感觉已经麻木，热情已经冷却，决不会再像初见世面的青年少女地为花的幻姿所诱惑而赞之、叹之、怜之、惜之了。

况且天地万物，没有一件逃得出荣枯、盛衰、生灭、有无之理。过去的历史昭然地证明着这一点，无须我们再说。

古来无数的诗人千篇一律地为伤春惜花费词，这种效颦也觉得可厌。

假如要我对于世间的生荣死灭费一点词，我觉得生荣不足道，而宁愿欢喜赞叹一切的死灭。对于死者的贪婪、愚昧与怯弱，后者的态度何等谦逊、悟达而伟大！

我对于春与秋的舍取，也是为了这一点。

夏目漱石三十岁的时候，曾经这样说："人生二十而知有生的利益；二十五而知有明之处必有暗；至于三十的今日，更知明多之处暗亦多，欢浓之时愁亦重。"

我现在对于这话也深抱同感；有时又觉得三十的特征不止这一端，其更特殊的是对于死的体感。青年们恋爱不遂的时候惯说生生死死，然而这不过是知有"死"的一回事而已，不是体感。

犹之在饮冰挥扇的夏日，不能体感到围炉拥衾的冬夜的滋味。就是我们阅历了三十几度寒暑的人，在前几天的炎阳之下也无论如何感不到浴日的滋味。

围炉、拥衾、浴日等事，在夏天的人的心中只是一种空虚的知识，不过晓得将来须有这些事而已，但是不能体感它们的滋味。

须得入了秋天，炎阳逞尽了威势而渐渐退却，汗水浸胖了的肌肤渐渐收缩，身穿单衣似乎要打寒噤，而手触法兰绒觉得快适的时候，于是围炉、拥衾、浴日等知识方能渐渐融入体验界中而化为体感。

我的年龄告了立秋以后，心境中所起的最特殊的状态便是这对于"死"的体感。

以前我的思虑真疏浅！以为春可以常在人间，人可以永在青年，竟完全没有想到死。又以为人生的意义只在于生，我的一生最有意义，似乎我是不会死的。

直到现在，仗了秋的慈光的鉴照，死的灵气钟育，才知道生的甘苦悲欢，是天地间反复过亿万次的老调，又何足珍惜？

我但求此生的平安的度送与脱出而已。犹之罹了疯狂的人，病中的颠倒迷离何足计较？

但求其去病而已。我正要搁笔，忽然西窗外黑云弥漫，天际闪出一道电光，发出隐隐的雷声，骤然洒下一阵夹着冰雹的秋雨。

啊！原来立秋过得不多天，秋心稚嫩而未曾老练，不免还有这种不调和的现象，可怕哉！

蝉与纺织娘

郑振铎

你如果有福气独自坐在窗内,静悄悄的没一个人来打扰,一点钟,两点钟地过去,嘴里衔着一支烟,躺在沙发上慢慢地喷着烟云,看它一白圈一白圈地升上,那么在这静境之内,你便可以听到那墙角阶前的鸣虫的奏乐。

那鸣虫的作响,真不是凡响;如果你曾听见过曼杜令的低奏,你曾听见过一支洞箫在月下湖上独吹着;你曾听见过红楼的重幔中透漏出的弦管声,你曾听见过流水淙淙地由溪石间流过,或你曾倚在山阁上听着飒飒的松风在足下拂过,那么,你便可以把那如何清幽的鸣虫之叫声想象到一二了。

虫之乐队,因季候的关系而颇不同,夏天与秋令的虫声,便是截然的两样。蝉之声是高旷的、享乐的、带着自己满足之意的;它高高地栖在梧桐树或竹枝上,迎风而唱,那是生之歌,生之盛年之歌,那是结婚曲,那是中世纪武士美人的大宴时的行吟诗人之歌。无论听了那叽——叽——的慢长声,或叽格——叽格——的较短声,都可同样地受到一种轻快的美感。

秋虫的鸣声最复杂。但无论纺织娘的咭嘎、蟋蟀的唧唧、金铃子之丁令，还有无数无数不可名状的秋虫之鸣声，其声调之凄抑却都是一样的；它们唱的是秋之歌，是暮年之歌，是薤露之曲。它们的歌声，是如秋风之扫落叶，怨妇之奏琵琶，孤峭而幽奇，清远而凄迷，低徊而愁肠百结。你如果是一个孤客，独宿于荒郊逆旅，一盏荧荧的油灯，对着一张板床，一张木桌，一二张硬板凳，再一听见四壁唧唧知知的虫声间作，那你今夜便不用再想稳稳地安睡了，什么愁情、乡思，以及人生之悲感，都会一串串地从根儿勾引起来，在你心上翻来覆去，如白老鼠在戏笼中走轮盘一般，一上去便不用想下来憩息。

如果你不是一个客人，你有家庭，你有很好的太太，你并没有什么闲愁胡想，那么，在你太太已睡之后，你想在书房中静静地写些东西时，这唧唧的秋虫之声却也会无端地窜入你的心里，翻掘起你向不曾有过的一种凄感呢。如果那一夜是一个月夜，天井里统是银白色，枯秃的树影，一根一条地很清朗地印在地上，那么你的感触将更深了。那也许就是所谓悲秋。

秋虫之声，大都在蝉之夏曲已告终之后出现，那正与气候之寒暖相应。但我却有一次奇异的经验；在无数的纺织娘之鸣声已来了之后，却又听得满耳的蝉声。我想我们的读者中有这种经验的人是必不多的。

我在山中，每天听见的只有蝉声，鸟声还比不上。那时天气是很热，即使在山上，也觉得并不凉爽。正午的时候，躺在廊前的藤榻上，要求一点的凉风，却见满山的竹树梢头，一动也不动，看看足底下的花草，也都静静地站着，如老僧入了定似的。

风扇之类既得不到，只好不断地用手巾来拭汗，不断地在摇挥那纸扇了。在这时候，往往有几缕的蝉声在槛外鸣奏着。闭了目，静静地听了它们在忽高忽低，忽断忽续，此唱彼和，仿佛是一大阵绝清幽的乐队在那里奏着绝清幽的曲子，炎热似乎也减少了，然后，的的睡去了，什么都不觉得。良久，良久，清梦醒来时，却又是满耳的蝉声。山中的蝉真多！绝早的清晨，老妈子们和小孩子们常去抱着竹竿乱摇一阵，而一只二只的蝉便要跟随了朝露而落到地上了。每一个早晨，在我们滴翠轩的左近，至少是百只之蝉是这样地被捉。但蝉声并不减少。

常常地，一只蝉两只蝉，叽的一声，飞入房内，如平时我们所见的青油虫及灯蛾之飞入一样。这也是必定为人所捉的。有一天，见有什么东西在槛外倒水的铅斗中咯笃咯笃地作响，俯身到槛外一看，却又是一只蝉，这当然又是一个俘虏了。还有好几次，在山脊上走时，忽见矮林丛中有什么东西在动，拨开林丛一看，却也是一只蝉。它是被竹枝竹叶挡阻住了不能飞去。我把它拾在手中。同行的心南先生说："这有什么稀奇，放走了它吧。要多少还怕没有！"我便顺手把它向风中一送，它悠悠扬扬地飞去很远很远，渐渐地不见了。我想不到这只蝉就是刚才在地上拾了来的那一只！

初到时，颇想把它们捉几个寄上海去送送人。有一次，便托了老妈子去捉。她在第二天一早，果然捉了五六只来放在一个大香烟纸盒中，不料给依真一见，她却吵着，带强迫地要去。我又托那个老妈子去捉。第二天，又捉了四五只来，依真的纸盒中却只剩下两只活的，其余的都死了。到了晚上，我的几只，也死了一半。因此，寄到上海的计划遂根本地打消了。从此以后，便也不再托人去捉，自己偶然捉来的，也都随手地放去了。那样不经久的东西，留下了它干什么用！

不过孩子们却还热心地去捉。依真每天要捉至少三只用细绳子缚在铁杆上。有一次，曾有一只蝉居然带了红绳子逃去了；很长的一根红绳子，拖在它后面，在风中飘荡着，很有趣味。

半个月过去了；有的时候，似乎蝉声略少，第二天却又多了起来。虽然是叽——叽——的不息地鸣着，却并不觉喧扰；所以大家都不讨厌它们。我却特别地爱听它们的歌唱，那样地高旷清远的调子，在什么音乐会中可以听得到！所以我每以蝉声将绝为虑，时时地干涉孩子们的捕捉。

到了一夜，狂风大作，雨点如从水龙头上喷出似的，向槛内廊上倾倒。第二天还不放晴。再过一天，晴了，天气却很凉，蝉声乃不再听见了！全山上在鸣唱着的却换了一种咭嘎——咭嘎——的急促而凄楚的调子，那是纺织娘。

"秋天到了。"我这样地说着，颇动了归心。

再一天，纺织娘还是咭嘎咭嘎地唱着。

然而，第三天早晨，当太阳晒得满山时，蝉声却又听见了！且很不少。我初听不信；叽——叽——叽格——叽格——那确是蝉声！纺织娘之声却又潜踪了。

蝉回来了，跟它回来的是炎夏。从箱中取出的棉衣又复入箱中。下山之计遂又打消了。

谁曾于听了纺织娘歌声之后再听见蝉的夏曲呢？这是我的一个有趣的经验。

没有秋虫的地方

叶圣陶

阶前看不见一茎绿草,窗外望不见一只蝴蝶,谁说是鹁鸽箱里的生活,鹁鸽未必这样枯燥无味呢。

秋天来了,记忆就轻轻提示道:"凄凄切切的秋虫又要响起来了。"可是一点影响也没有,邻舍儿啼人闹弦歌杂作的深夜,街上轮震石响邪许①并起的清晨,无论你靠着枕头听,凭着窗沿听,甚至贴着墙角听,总听不到一丝秋虫的声息。并不是被那些欢乐的劳困的宏大的清亮的声音淹没了,以致听不出来,乃是这里根本没有秋虫。啊,不容留秋虫的地方!秋虫所不屑居留的地方!

若是在鄙野的乡间,这时候满耳朵是虫声了。白天与夜间一样地安闲;一切人物或动或静,都有自得之趣;嫩暖的阳光和轻淡的云影覆盖在场上。到夜呢,明耀的星月和轻微的凉风看守着整夜,在这境界这时间里唯一足以感动心情的就是秋虫的合奏。

---

① 邪许(yé hǔ):象声词。

它们高低宏细疾徐作歌，仿佛经过乐师的精心训练，所以这样地无可批评，踌躇满志。其实它们每一个都是神妙的乐师；众妙毕集，各抒灵趣，哪有不成人间绝响的呢。

虽然这些虫声会引起劳人的感叹，秋士的伤怀，独客的微喟，思妇的低泣；但是这正是无上的美的境界，绝好的自然诗篇，不独是旁人最欢喜吟味的，就是当境者也感受一种酸酸的麻麻的味道，这种味道在另一方面是非常隽永的。

大概我们所蕲求的不在于某种味道，只要时时有点儿味道尝尝，就自诩为生活不空虚了。假若这味道是甜美的，我们固然含着笑来体味它；若是酸苦的，我们也要皱着眉头来辨尝它：这总比淡漠无味胜过百倍。我们以为最难堪而极欲逃避的，唯有这个淡漠无味！

所以心如槁木不如工愁多感，迷蒙的醒不如热烈的梦，一口苦水胜于一盏白汤，一场痛哭胜于哀乐两忘。这里并不是说愉快乐观是要不得的，清健的醒是不必求的，甜汤是罪恶的，狂笑是魔道的；这里只是说有味远胜于淡漠罢了。

所以虫声终于是足系恋念的东西。何况劳人秋士独客思妇以外还有无量数的人，他们当然也是酷嗜趣味的，当这凉意微逗的时候，谁能不忆起那美妙的秋之音乐？

可是没有，绝对没有！井底似的庭院，铅色的水门汀地，秋虫早已避去唯恐不速了。而我们没有它们的翅膀与大腿，不能飞又不能跳，还是死守在这里。想到"井底"与"铅色"，觉得象征的意味丰富极了。

鸟的天堂

巴 金

我们吃过晚饭,热气已经退了。太阳落下了山坡,只留下一段灿烂的红霞在天边。

我们走过一段石子路,很快就到了河边。在河边大树下,我们发现了几只小船。

我们陆续跳上一只船。一个朋友解开了绳,拿起竹竿一拨,船缓缓地动了,向河中心移去。

河面很宽,白茫茫的水上没有一点儿波浪。船平静地在水面移动。三支桨有规律地在水里划,那声音就像一支乐曲。

在一个地方,河面变窄了。一簇簇树叶伸到水面上。树叶真绿得可爱。那是许多株茂盛的榕树,看不出主干在什么地方。

当我说许多株榕树的时候,朋友们马上纠正我的错误。一个朋友说那里只有一株榕树,另一个朋友说是两株。我见过不少榕树,这样大的还是第一次看见。

我们的船渐渐逼近榕树了。我有机会看清它的真面目,真是一株大树,枝干的数目不可计数。枝上又生根,有许多根直垂到地上，伸进泥土里。一部分树枝垂到水面，从远处看，就像一株大树卧在水面上。

榕树正在茂盛的时期，好像在把它的全部生命力展示给我们看。那么多的绿叶，一簇堆在另一簇上面，不留一点儿缝隙。那翠绿的颜色，明亮地照耀着我们的眼睛，似乎每一片绿叶上都有一个新的生命在颤动。这美丽的南国的树！

船在树下泊了片刻。岸上很湿，我们没有上去。朋友说这里是"鸟的天堂"，有许多鸟在这树上做巢，农民不许人去捉它们。我仿佛听见几只鸟扑翅的声音，等我注意去看，却不见一只鸟的影儿。只有无数的树根立在地上，像许多根木桩。土地是湿的，大概涨潮的时候河水会冲上岸去。"鸟的天堂"里没有一只鸟，我不禁这样想。于是船开了，一个朋友拨着桨，船缓缓地移向河中心。

第二天，我们划着船到一个朋友的家乡去。那是个有山有塔的地方。从学校出发，我们又经过那"鸟的天堂"。

这一次是在早晨。阳光照耀在水面，在树梢，一切都显得更加光明了。我们又把船在树下泊了片刻。

起初周围是静寂的。后来忽然起了一声鸟叫。我们把手一拍，便看见一只大鸟飞了起来。接着又看见第二只，第三只。我们继续拍掌，树上就变得热闹了，到处都是鸟声，到处都是鸟影。大的，小的，花的，黑的，有的站在树枝上叫，有的飞起来，有的在扑翅膀。

我注意地看着，眼睛应接不暇，看清楚了这只，又错过了那只，看见了那只，另一只又飞起来了。一只画眉鸟飞了出来，被我们的掌声一吓,又飞进了叶丛,站在一根小枝上兴奋地叫着,那歌声真好听。

当小船向着高塔下面的乡村划去的时候,我回头看那被抛在后面的茂盛的榕树。我感到一点儿留恋。昨天是我的眼睛骗了我,那"鸟的天堂"的确是鸟的天堂啊!

海　燕

郑振铎

　　乌黑的一身羽毛，光滑漂亮，积伶积俐，加上一双剪刀似的尾巴，一对劲俊轻快的翅膀，凑成了那样可爱的活泼的一只小燕子。当春间二三月，轻飔微微地吹拂着，如毛的细雨无因地由天上洒落着，千条万条的柔柳，齐舒了它们的黄绿的眼。

　　红的白的黄的花，绿的草，绿的树叶，皆如赶赴市集者似的奔聚而来，形成了烂漫无比的春天时，那些小燕子，那么伶俐可爱的小燕子，便也由南方飞来，加入了这个隽妙无比的春景的图画中，为春光平添了许多的生趣。

　　小燕子带了它的双剪似的尾，在微风细雨中，或在阳光满地时，斜飞于旷亮无比的天空之上，唧的一声，已由这里稻田上，飞到了那边的高柳之下了。再几只却隽逸的在粼粼如縠纹的湖面横掠着，小燕子的剪尾或翼尖，偶沾了水面一下，那小圆晕便一圈一圈地荡漾开去。

　　那边还有飞倦了的几对，闲散地憩息于纤细的电线上——嫩蓝的春天，几支木杆，几痕细线连于杆与杆间，线上停着几个粗而有致的小黑点,那便是燕子。那是多么有趣的一幅图画呀!

还有一个个的快乐家庭,他们还特地为我们的小燕子备了一个两个小巢,放在厅梁的最高处,假如这家有了一个匾额,那匾后便是小燕子最好的安巢之所。第一年,小燕子来住了,第二年,我们的小燕子,就是去年的一对,它们还要来住。

"燕子归来寻旧垒。"

还是去年的主,还是去年的宾,他们宾主间是如何地融融泄泄呀!偶然的有几家,小燕子却不来光顾,那便很使主人忧戚,他们邀召不到那么隽逸的嘉宾,每以为自己运命的蹇劣呢。

这便是我们故乡的小燕子,可爱的活泼的小燕子,曾使几多的孩子们欢呼着,注意着,沉醉着,曾使几多的农人、市民们忧戚着,或舒怀地指点着,且曾平添了几多的春色,几多的生趣于我们的春天的小燕子!

如今,离家是几千里!离国是几千里!托身于浮宅之上,奔驰于万顷海涛之间,不料却见着我们的小燕子。

这小燕子,便是我们故乡的那一对、两对吗?便是我们今春在故乡所见的那一对、两对吗?

见了它们,游子们能不引起了,至少是轻烟似的,一缕两缕的乡愁吗?

海水是皎洁无比的蔚蓝色,海波平稳得如春晨的西湖一样,偶有微风,只吹起了绝细绝细的千万个粼粼的小皱纹,这更使照晒于初夏之太阳光之下的、金光灿烂的水面显得温秀可喜。我没有见过那么美的海!

天上也是皎洁无比的蔚蓝色,只有几片薄纱似的轻云,平贴于空中，就如一个女郎，穿了绝美的蓝色夏衣，而颈间却围绕了一段绝细绝轻的白纱巾。我没有见过那么美的天空！我们倚在青色的船栏上，默默地望着这绝美的海天；我们一点杂念也没有，我们是被沉醉了，我们是被带入晶莹的天空中了。

就在这时，我们的小燕子，二只，三只，四只，在海上出现了。它们仍是隽逸地从容地在海面上斜掠着，如在小湖面上一样；海水被它的似剪的尾与翼尖一打，也仍是连漾了好几圈圆晕。小小的燕子，浩莽的大海，飞着飞着，不会觉得倦吗？不会遇着暴风疾雨吗？我们真替它们担心呢！

小燕子却从容地憩着了。它们展开了双翼，身子一落，落在海面上了，双翼如浮圈似的支持着体重，活是一只乌黑的小水禽，在随波上下地浮着，又安闲，又舒适。海是它们那么安好的家，我们真是想不到。

在故乡，我们还会想象得到我们的小燕子是这样的一个海上英雄吗？

海水仍是平贴无波，许多绝小绝小的海鱼，为我们的船所惊动，群向远处窜去；随了它们飞窜着，水面起了一条条的长痕，正如我们当孩子时之用瓦片打水漂在水面所划起的长痕。这小鱼是我们小燕子的粮食吗？

小燕子在海面上斜掠着，浮憩着。它们果是我们故乡的小燕子吗？

啊，乡愁呀，如轻烟似的乡愁呀！

繁　星

巴　金

我爱月夜，但我也爱星天。从前在家乡，七八月的夜晚，在庭院里纳凉的时候，我最爱看天上密密麻麻的繁星。望着星天，我就会忘记一切，仿佛回到了母亲的怀里似的。

三年前在南京，我住的地方有一道后门，每晚我打开后门，便看见一个静寂的夜。下面是一片菜园，上面是星群密布的蓝天。星光在我们的肉眼里虽然微小，然而它使我们觉得光明无处不在。

那时候我正在读一些关于天文学的书，也认得一些星星，好像它们就是我的朋友，它们常常在和我谈话一样。

如今在海上，每晚和繁星相对，我把它们认得很熟了。我躺在舱面上，仰望天空。深蓝色的天空里悬着无数半明半昧的星。船在动，星也在动，它们是这样低，真是摇摇欲坠呢！渐渐地我的眼睛模糊了，我好像看见无数萤火虫在我的周围飞舞。

海上的夜是柔和的，是静寂的，是梦幻的。我望着那许多认识的星，我仿佛看见它们在对我霎眼，我仿佛听见它们在小声说话。这时我忘记了一切。在星的怀抱中我微笑着,我沉睡着。我觉得自己是一个小孩子,现在睡在母亲的怀里了。

有一夜,那个在哥伦波上船的英国人指给我看天上的巨人。他用手指着:那四颗明亮的星是头,下面的几颗是身子,这几颗是手,那几颗是腿和脚,还有三颗星算是腰带。经他这一番指点,我果然看清楚了那个天上的巨人。看,那个巨人还在跑呢!

合欢树

史铁生

十岁那年,我在一次作文比赛中得了第一。母亲那时候还年轻,急着跟我说她自己,说她小时候的作文做得还要好,老师甚至不相信那么好的文章会是她写的。"老师找到家来问,是不是家里的大人帮了忙。我那时可能还不到十岁呢。"我听得扫兴,故意笑:"可能?什么叫可能还不到?"她就解释。

我装作根本不再注意她的话,对着墙打乒乓球,把她气得够呛。不过我承认她聪明,承认她是世界上长得最好看的女的。她正给自己做一条蓝底白花的裙子。

二十岁,我的两条腿残废了。除去给人家画彩蛋,我想我还应该再干点别的事,先后改变了几次主意,最后想学写作。母亲那时已不年轻,为了我的腿,她头上开始有了白发。医院已经明确表示,我的病目前没办法治。母亲的全副心思却还放在给我治病上,到处找大夫,打听偏方,花很多钱。她倒总能找来稀奇古怪的药,让我吃,让我喝,或者是洗、敷、熏、灸。"别浪费时间啦!根本没用!"我说。我一心只想着写小说,仿佛那东西能把残废人救出困境。

"再试一回，不试你怎么知道会没用？"她说，每一回都虔诚地抱着希望。然而对我的腿，有多少回希望就有多少回失望。

最后一回，我的胯上被熏成烫伤。医院的大夫说，这实在太悬了，对于瘫痪病人，这差不多是要命的事。我倒没太害怕，心想死了也好，死了倒痛快。母亲惊惶了几个月，昼夜守着我，一换药就说："怎么会烫了呢？我还直留神呀！"幸亏伤口好起来，不然她非疯了不可。

后来她发现我在写小说。她跟我说："那就好好写吧。"我听出来，她对治好我的腿也终于绝望。"我年轻的时候也最喜欢文学，"她说。"跟你现在差不多大的时候，我也想过搞写作，"她说。"你小时候的作文不是得过第一？"她提醒我说。我们俩都尽力把我的腿忘掉。她到处去给我借书，顶着雨或冒了雪推我去看电影，像过去给我找大夫、打听偏方那样，抱了希望。

三十岁时，我的第一篇小说发表了，母亲却已不在人世。过了几年，我的另一篇小说又侥幸获奖，母亲已经离开我整整七年。

获奖之后，登门采访的记者就多。大家都好心好意，认为我不容易。但是我只准备了一套话，说来说去就觉得心烦。我摇着车躲出去，坐在小公园安静的树林里，想：上帝为什么早早地召母亲回去呢？迷迷糊糊的，我听见回答："她心里太苦了。上帝看她受不住了，就召她回去。"我的心得到一点安慰，睁开眼睛，看见风正在树林里吹过。

我摇车离开那儿，在街上瞎逛，不想回家。

母亲去世后,我们搬了家。我很少再到母亲住过的那个小院儿去。小院儿在一个大院儿的尽里头。我偶尔摇车到大院儿去坐坐,但不愿意去那个小院儿,推说手摇车进去不方便,院儿里的老太太们还都把我当儿孙看,尤其想到我又没了母亲,但都不说,光扯些闲话,怪我不常去。

我坐在院子当中,喝东家的茶,吃西家的瓜。有一年,人们终于又提到母亲:"到小院儿去看看吧,你妈种的那棵合欢树今年开花了!"我心里一阵抖,还是推说手摇车进出太不易。大伙就不再说,忙扯些别的,说起我们原来住的房子里现在住了小两口,女的刚生了个儿子,孩子不哭不闹,光是瞪着眼睛看窗户上的树影儿。

我没料到那棵树还活着。那年,母亲到劳动局去给我找工作,回来时在路边挖了一棵刚出土的"含羞草",以为是含羞草,种在花盆里长,竟是一棵合欢树。母亲从来喜欢那些东西,但当时心思全在别处。第二年合欢树没有发芽,母亲叹息了一回,还不舍得扔掉,依然让它长在瓦盆里。第三年,合欢树却又长出叶子,而且茂盛了。母亲高兴了很多天,以为那是个好兆头,常去侍弄它,不敢再大意。又过一年,她把合欢树移出盆,栽在窗前的地上,有时念叨,不知道这种树几年才开花。

再过一年,我们搬了家,悲痛弄得我们都把那棵小树忘记了。

与其在街上瞎逛,我想,不如就去看看那棵树吧。我也想再看看母亲住过的那间房。我老记着,那儿还有个刚来到世上的孩子,不哭不闹,瞪着眼睛看树影儿。是那棵合欢树的影子吗?小院儿里只有那棵树。

　　院儿里的老太太们还是那么欢迎我，东屋倒茶，西屋点烟，送到我跟前。大伙都不知道我获奖的事，也许知道，但不觉得那很重要；还是都问我的腿，问我是否有了正式工作。这回，想摇车进小院儿真是不能了。家家门前的小厨房都扩大，过道窄到一个人推自行车进出也要侧身。我问起那棵合欢树。大伙说，年年都开花，长到房高了。这么说，我再也看不见它了。我要求人背我去看，倒也不是不行。我挺后悔前两年没有自己摇车进去看看。

　　我摇着车在街上慢慢走，不急着回家。人有时候只想独自静静地待一会儿。悲伤也成享受。

　　有一天那个孩子长大了，会想起童年的事，会想起那些晃动的树影儿，会想起他自己的妈妈，他会跑去看看那棵树。但他不会知道那棵树是谁种的，是怎么种的。

旧时风日

我与地坛

史铁生

一

我在好几篇小说中都提到过一座废弃的古园,实际就是地坛。

许多年前旅游业还没有开展,园子荒芜冷落得如同一片野地,很少被人记起。

地坛离我家很近。或者说我家离地坛很近。总之,只好认为这是缘分。地坛在我出生前四百多年就座落在那儿了,而自从我的祖母年轻时带着我父亲来到北京,就一直住在离它不远的地方——五十多年间搬过几次家,可搬来搬去总是在它周围,而且是越搬离它越近了。我常觉得这中间有着宿命的味道:仿佛这古园就是为了等我,而历尽沧桑在那儿等待了四百多年。

它等待我出生,然后又等待我活到最狂妄的年龄上忽地残废了双腿。四百多年里,它一面剥蚀了古殿檐头浮夸的琉璃,淡褪了门壁上炫耀的朱红,坍圮了一段段高墙又散落了玉砌雕栏,祭坛四周的老柏树愈见苍幽,到处的野草荒藤也都茂盛得自在坦荡。

这时候想必我是该来了。十五年前的一个下午,我摇着轮椅进入园中,它为一个失魂落魄的人把一切都准备好了。那时,太阳循着亘古不变的路途正越来越大,也越红。在满园弥漫的沉静光芒中,一个人更容易看到时间,并看见自己的身影。

自从那个下午我无意中进了这园子,就再没长久地离开过它。

我一下子就理解了它的意图。正如我在一篇小说中所说的:"在人口密聚的城市里,有这样一个宁静的去处,像是上帝的苦心安排。"

两条腿残废后的最初几年,我找不到工作,找不到去路,忽然间几乎什么都找不到了,我就摇了轮椅总是到它那儿去,仅为着那儿是可以逃避一个世界的另一个世界。我在那篇小说中写道:"没处可去我便一天到晚耗在这园子里。跟上班下班一样,别人去上班我就摇了轮椅到这儿来。园子无人看管,上下班时间有些抄近路的人从园中穿过,园子里活跃一阵,过后便沉寂下来。"

"园墙在金晃晃的空气中斜切下一溜荫凉,我把轮椅开进去,把椅背放倒,坐着或是躺着,看书或者想事,撅一杈树枝左右拍打,驱赶那些和我一样不明白为什么要来这世上的小昆虫。"

"蜂儿如一朵小雾稳稳地停在半空;蚂蚁摇头晃脑捋着触须,猛然间想透了什么,转身疾行而去;瓢虫爬得不耐烦了,累了祈祷一回便支开翅膀,忽悠一下升空了;树干上留着一只蝉蜕,寂寞如一间空屋;露水在草叶上滚动、聚集,压弯了草叶轰然坠地摔开万道金光。"

"满园子都是草木竞相生长弄出的响动,窸窸窣窣片刻不息。"这都是真实的记录,园子荒芜但并不衰败。

除去几座殿堂我无法进去,除去那座祭坛我不能上去而只能从各个角度张望它,地坛的每一棵树下我都去过,差不多它的每一米草地上都有过我的车轮印。无论是什么季节,什么天气,什么时间,我都在这园子里待过。有时候待一会儿就回家,有时候就待到满地上都亮起月光。记不清都是在它的哪些角落里了。我一连几小时专心致志地想关于死的事,也以同样的耐心和方式想过我为什么要出生。这样想了好几年,最后事情终于弄明白了:一个人,出生了,这就不再是一个可以辩论的问题,而只是上帝交给他的一个事实;上帝在交给我们这件事实的时候,已经顺便保证了它的结果,所以死是一件不必急于求成的事,死是一个必然会降临的节日。

这样想过之后我安心多了,眼前的一切不再那么可怕。比如,你起早熬夜准备考试的时候,忽然想起有一个长长的假期在前面等待你,你会不会觉得轻松一点?并且庆幸并且感激这样的安排?剩下的就是怎样活的问题了,这却不是在某一个瞬间就能完全想透的、不是一次性能够解决的事,怕是活多久就要想它多久了,就像是伴你终生的魔鬼或恋人。所以,十五年了,我还是总得到那古园里去,去它的老树下或荒草边或颓墙旁,去默坐、去呆想、去推开耳边的嘈杂理一理纷乱的思绪,去窥看自己的心魂。

十五年中，这古园的形体被不能理解它的人肆意雕琢，幸好有些东西是任谁也不能改变它的。譬如祭坛石门中的落日，寂静的光辉平铺的一刻，地上的每一个坎坷都被映照得灿烂；譬如在园中最为落寞的时间，一群雨燕便出来高歌，把天地都叫喊得苍凉；譬如冬天雪地上孩子的脚印，总让人猜想他们是谁，曾在哪儿做过些什么，然后又都到哪儿去了；譬如那些苍黑的古柏，你忧郁的时候它们镇静地站在那儿，你欣喜的时候它们依然镇静地站在那儿，它们没日没夜地站在那儿，从你没有出生一直站到这个世界上又没了你的时候；譬如暴雨骤临园中，激起一阵阵灼烈而清纯的草木和泥土的气味，让人想起无数个夏天的事件；譬如秋风忽至，再有一场早霜，落叶或飘摇歌舞或坦然安卧，满园中播散着熨帖而微苦的味道。

味道是最说不清楚的。味道不能写只能闻，要你身临其境去闻才能明了。味道甚至是难以记忆的，只有你又闻到它你才能记起它的全部情感和意蕴。所以我常常要到那园子里去。

二

现在我才想到，当年我总是独自跑到地坛去，曾经给母亲出了一个怎样的难题。

她不是那种光会疼爱儿子而不懂得理解儿子的母亲。她知道我心里的苦闷，知道不该阻止我出去走走，知道我要是老待在家里结果会更糟，但她又担心我一个人在那荒僻的园子里整天都想些什么。我那时脾气坏到极点，经常是发了疯一样地离开家，从那园子里回来又中了魔似的什么话都不说。母亲知道有些事不宜问，便犹犹豫豫地想问而终于不敢问，因为她自己心里也没有答案。她料想我不会愿意她跟我一同去，所以她从未这样要求过，她知道得给我一点独处的时间，得有这样一段过程。她只是不知道这过程得要多久，和这过程的尽头究竟是什么。每次我要动身时，她便无言地帮我准备，帮助我上了轮椅车，看着我摇车拐出小院；这以后她会怎样，当年我不曾想过。

有一回我摇车出了小院；想起一件什么事又返身回来，看见母亲仍站在原地，还是送我走时的姿势，望着我拐出小院去的那处墙角，对我的回来竟一时没有反应。待她再次送我出门的时候，她说："出去活动活动，去地坛看看书，我说这挺好。"许多年以后我才渐渐听出，母亲这话实际上是自我安慰，是暗自的祷告，是给我的提示，是恳求与嘱咐。

只是在她猝然去世之后，我才有余暇设想。当我不在家里的那些漫长的时间，她是怎样心神不定坐卧难宁，兼着痛苦与惊恐与一个母亲最低限度的祈求。现在我可以断定，以她的聪慧和坚忍，在那些空落的白天后的黑夜，在那不眠的黑夜后的白天，她思来想去最后准是对自己说："反正我不能不让他出去，未来的日子是他自己的，如果他真的要在那园子里出了什么事，这苦难也只好我来承担。"

在那段日子里——那是好几年长的一段日子，我想我一定使母亲作过了最坏的准备了，但她从来没有对我说过："你为我想想。"事实上我也真的没为她想过。那时她的儿子，还太年轻，还来不及为母亲想，他被命运击昏了头，一心以为自己是世上最不幸的一个，不知道儿子的不幸在母亲那儿总是要加倍的。

她有一个长到二十岁上忽然截瘫了的儿子，这是她唯一的儿子；她情愿截瘫的是自己而不是儿子，可这事无法代替；她想，只要儿子能活下去哪怕自己去死呢也行，可她又确信一个人不能仅仅是活着，儿子得有一条路走向自己的幸福；而这条路呢，没有谁能保证她的儿子终于能找到。——这样一个母亲，注定是活得最苦的母亲。

有一次与一个作家朋友聊天，我问他学写作的最初动机是什么？他想了一会儿说："为我母亲。为了让她骄傲。"我心里一惊，良久无言。回想自己最初写小说的动机，虽不似这位朋友的那般单纯，但如他一样的愿望我也有，且一经细想，发现这愿望也在全部动机中占了很大比重。

这位朋友说："我的动机太低俗了吧？"我光是摇头，心想低俗并不见得低俗，只怕是这愿望过于天真了。他又说："我那时真就是想出名，出了名让别人羡慕我母亲。"我想，他比我坦率。我想，他又比我幸福，因为他的母亲还活着。而且我想，他的母亲也比我的母亲运气好，他的母亲没有一个双腿残废的儿子，否则事情就不这么简单。

在我的头一篇小说发表的时候，在我的小说第一次获奖的那些日子里，我真是多么希望我的母亲还活着。我便又不能在家里待了，又整天整天独自跑到地坛去，心里是没头没尾的沉郁和哀怨，走遍整个园子却怎么也想不通：母亲为什么就不能再多活两年？为什么在她儿子就快要碰撞开一条路的时候，她却忽然熬不住了？莫非她来此世上只是为了替儿子担忧，却不该分享我的一点点快乐？她匆匆离我去时才只有四十九呀！有那么一会儿，我甚至对世界对上帝充满了仇恨和厌恶。

后来我在一篇题为《合欢树》的文章中写道："我坐在小公园安静的树林里，闭上眼睛，想：上帝为什么早早地召母亲回去呢？迷迷糊糊的，我听见了回答：'她心里太苦了。上帝看她受不住了，就召她回去。'我的心得了一点安慰，睁开眼睛，看见风正从树林里穿过。"小公园，指的也是地坛。

只是到了这时候，纷纭的往事才在我眼前幻现得清晰，母亲的苦难与伟大才在我心中渗透得深彻。上帝的考虑，也许是对的。

摇着轮椅在园中慢慢走，又是雾罩的清晨，又是骄阳高悬的白昼，我只想着一件事：母亲已经不在了。在老柏树旁停下，在草地上在颓墙边停下，又是处处虫鸣的午后，又是鸟儿归巢的傍晚，我心里只默念着一句话：可是母亲已经不在了。把椅背放倒，躺下，似睡非睡挨到日没，坐起来，心神恍惚，呆呆地直坐到古祭坛上落满黑暗然后再渐渐浮起月光，心里才有点明白，母亲不能再来这园中找我了。

曾有过好多回，我在这园子里待得太久了，母亲就来找我。她来找我又不想让我发觉，只要见我还好好地在这园子里，她就悄悄转身回去，我看见过几次她的背影。我也看见过几回她四处张望的情景，她视力不好，端着眼镜像在寻找海上的一条船，她没看见我时我已经看见她了，待我看见她也看见我了我就不去看她，过一会儿我再抬头看她就又看见她缓缓离去的背影。

我单是无法知道有多少回她没有找到我。有一回我坐在矮树丛中，树丛很密，我看见她没有找到我；她一个人在园子里走，走过我的身旁,走过我经常待的一些地方,步履茫然又急迫。我不知道她已经找了多久还要找多久,我不知道为什么我决意不喊她——但这绝不是小时候的捉迷藏,这也许是出于长大了的男孩子的倔强或羞涩?但这倔只留给我痛悔,丝毫也没有骄傲。我真想告诫所有长大了的男孩子,千万不要跟母亲来这套倔强,羞涩就更不必,我已经懂了可我已经来不及了。

儿子想使母亲骄傲,这心情毕竟是太真实了,以致使"想出名"这一声名狼藉的念头也多少改变了一点形象。这是个复杂的问题,且不去管它了罢。随着小说获奖的激动逐日暗淡,我开始相信,至少有一点我是想错了:我用纸笔在报刊上碰撞开的一条路,并不就是母亲盼望我找到的那条路。年年月月我都到这园子里来,年年月月我都要想,母亲盼望我找到的那条路到底是什么。

母亲生前没给我留下过什么隽永的哲言,或要我恪守的教诲,只是在她去世之后,她艰难的命运、坚忍的意志和毫不张扬的爱,随光阴流转,在我的印象中愈加鲜明深刻。

有一年,十月的风又翻动起安详的落叶,我在园中读书,听见两个散步的老人说:"没想到这园子有这么大。"我放下书,想,这么大一座园子,要在其中找到她的儿子,母亲走过了多少焦灼的路。多年来我头一次意识到,这园中不单是处处都有过我的车辙,有过我的车辙的地方也都有过母亲的脚印。

三

如果以一天中的时间来对应四季,当然春天是早晨,夏天是中午，秋天是黄昏，冬天是夜晚。如果以乐器来对应四季，我想春天应该是小号，夏天是定音鼓，秋天是大提琴，冬天是圆号和长笛。要是以这园子里的声响来对应四季呢？那么，春天是祭坛上空飘浮着的鸽子的哨音，夏天是冗长的蝉歌和杨树叶子哗啦啦地对蝉歌的取笑，秋天是古殿檐头的风铃响，冬天是啄木鸟随意而空旷的啄木声。

以园中的景物对应四季，春天是一径时而苍白时而黑润的小路，时而明朗时而阴晦的天上摇荡着串串杨花；夏天是一条条耀眼而灼人的石凳，或阴凉而爬满了青苔的石阶，阶下有果皮，阶上有半张被坐皱的报纸；秋天是一座青铜的大钟，在园子的西北角上曾丢弃着一座很大的铜钟，铜钟与这园子一般年纪，浑身挂满绿锈，文字已不清晰；冬天，是林中空地上几只羽毛蓬松的老麻雀。以心绪对应四季呢？春天是卧病的季节，否则人们不易发觉春天的残忍与渴望；夏天，情人们应该在这个季节里失恋，不然就似乎对不起爱情；秋天是从外面买一棵盆花回家的时候，把花搁在阔别了的家中，并且打开窗户把阳光也放进屋里，慢慢回忆慢慢整理一些发过霉的东西；冬天伴着火炉和书，一遍遍坚定不死的决心，写一些并不发出的信。

还可以用艺术形式对应四季，这样春天就是一幅画，夏天是一部长篇小说，秋天是一首短歌或诗，冬天是一群雕塑。以梦呢？以梦对应四季呢？春天是树尖上的呼喊，夏天是呼喊中的细雨，秋天是细雨中的土地，冬天是干净的土地上的一只孤零的烟斗。

因为这园子，我常感恩于自己的命运。

我甚至现在就能清楚地看见，一旦有一天我不得不长久地离开它，我会怎样想念它，我会怎样想念它并且梦见它，我会怎样因为不敢想念它而梦也梦不到它。

四

现在让我想想，十五年中坚持到这园子来的人都是谁呢？好像只剩了我和一对老人。

十五年前，这对老人还只能算是中年夫妇，我则货真价实还是个青年。他们总是在薄暮时分来园中散步，我不大弄得清他们是从哪边的园门进来，一般来说他们是逆时针绕这园子走。男人个子很高，肩宽腿长，走起路来目不斜视，胯以上直至脖颈挺直不动；他的妻子攀了他一条胳膊走，也不能使他的上身稍有松懈。

女人个子却矮，也不算漂亮，我无端地相信她必出身于家道中衰的名门富族；她攀在丈夫胳膊上像个娇弱的孩子，她向四周观望似总含着恐惧，她轻声与丈夫谈话，见有人走近就立刻怯怯地收住话头。我有时因为他们而想起冉阿让与柯赛特，但这想法并不巩固，他们一望即知是老夫老妻。两个人的穿着都算得上考究，但由于时代的演进，他们的服饰又可以称为古朴了。

他们和我一样，到这园子里来几乎是风雨无阻，不过他们比我守时。我什么时间都可能来，他们则一定是在暮色初临的时候。刮风时他们穿了米色风衣，下雨时他们打了黑色的雨伞，夏天他们的衬衫是白色的裤子是黑色的或米色的，冬天他们的呢子大衣又都是黑色的，想必他们只喜欢这三种颜色。他们逆时针绕这园子一周,然后离去。

他们走过我身旁时只有男人的脚步响,女人像是贴在高大的丈夫身上跟着漂移。我相信他们一定对我有印象,但是我们没有说过话,我们互相都没有想要接近的表示。十五年中,他们或许注意到一个小伙子进入了中年,我则看着一对令人羡慕的中年情侣不觉中成了两个老人。

曾有过一个热爱唱歌的小伙子,他也是每天都到这园中来,来唱歌,唱了好多年,后来不见了。他的年纪与我相仿,他多半是早晨来,唱半小时或整整唱一个上午,估计在另外的时间里他还得上班。我们经常在祭坛东侧的小路上相遇,我知道他是到东南角的高墙下去唱歌,他一定猜想我去东北角的树林里做什么。我找到我的地方,抽几口烟,便听见他谨慎地整理歌喉了。他反反复复唱那么几首歌。"文化革命"没过去的时侯,他唱"蓝蓝的天上白云飘,白云下面马儿跑……"我老也记不住这歌的名字。

"文革"后,他唱《货郎与小姐》中那首最为流传的咏叹调。"卖布——卖布嘞,卖布——卖布嘞!"我记得这开头的一句他唱得很有声势,在早晨清澈的空气中,货郎跑遍园中的每一个角落去恭维小姐。

"我交了好运气,我交了好运气,我为幸福唱歌曲……"然后他就一遍一遍地唱,不让货郎的激情稍减。依我听来,他的技术不算精到,在关键的地方常出差错,但他的嗓子是相当不坏的,而且唱一个上午也听不出一点疲惫。太阳也不疲惫,把大树的影子缩小成一团,把疏忽大意的蚯蚓晒干在小路上,将近中午，我们又在祭坛东侧相遇，他看一看我，我看一看他，他往北去，我往南去。

日子久了，我感到我们都有结识的愿望，但似乎都不知如何开口，于是互相注视一下终又都移开目光擦身而过；这样的次数一多，便更不知如何开口了。终于有一天——一个丝毫没有特点的日子，我们互相点了一下头。他说："你好。"我说："你好。"他说："回去啦?"我说："是，你呢?"他说："我也该回去了。"我们都放慢脚步（其实我是放慢车速），想再多说几句，但仍然是不知从何说起，这样我们就都走过了对方，又都扭转身子面向对方。

他说："那就再见吧。"我说："好，再见。"便互相笑笑各走各的路了。但是我们没有再见，那以后，园中再没了他的歌声，我才想到，那天他或许是有意与我道别的，也许他考上了哪家专业文工团或歌舞团了吧?真希望他如他歌里所唱的那样，交了好运气。

还有一些人，我还能想起一些常到这园子里来的人。有一个老头，算得一个真正的饮者；他在腰间挂一个扁瓷瓶，瓶里当然装满了酒，常来这园中消磨午后的时光。他在园中四处游逛，如果你不注意你会以为园中有好几个这样的老头，等你看过了他卓尔不群的饮酒情状，你就会相信这是个独一无二的老头。他的衣着过分随便，走路的姿态也不慎重，走上五六十米路便选定一处地方，一只脚踏在石凳上或土埂上或树墩上，解下腰间的酒瓶，解酒瓶的当儿迷起眼睛把一百八十度视角内的景物细细看一遭，然后以迅雷不及掩耳之势倒一大口酒入肚，把酒瓶摇一摇再挂向腰间，平心静气地想一会儿什么，便走下一个五六十米去。

还有一个捕鸟的汉子，那岁月园中人少，鸟却多，他在西北角的树丛中拉一张网，鸟撞在上面，羽毛挂在网眼里便不能自拔。他单等一种过去很多而现在非常罕见的鸟，其他的鸟撞在网上他就把它们摘下来放掉，他说已经有好多年没等到那种罕见的鸟，他说他再等一年看看到底还有没有那种鸟，结果他又等了好多年。

早晨和傍晚，在这园子里可以看见一个中年女工程师；早晨她从北向南穿过这园子去上班，傍晚她从南向北穿过这园子回家。事实上我并不了解她的职业或者学历，但我以为她必是学理工的知识分子，别样的人很难有她那般的素朴并优雅。当她在园子穿行的时刻，四周的树林也仿佛更加幽静，清淡的日光中竟似有悠远的琴声，比如说是那曲《献给艾丽丝》才好。我没有见过她的丈夫，没有见过那个幸运的男人是什么样子，我想象过却想象不出，后来忽然懂了想象不出才好，那个男人最好不要出现。她走出北门回家去。

我竟有点担心，担心她会落入厨房，不过，也许她在厨房里劳作的情景更有另外的美吧，当然不能再是《献给艾丽丝》，是个什么曲子呢？

还有一个人，是我的朋友，他是个最有天赋的长跑家，但他被埋没了。他因为在"文革"中出言不慎而坐了几年牢，出来后好不容易找了个拉板车的工作，样样待遇都不能与别人平等，苦闷极了便练习长跑。那时他总来这园子里跑，我用手表为他计时。他每跑一圈向我招下手，我就记下一个时间。每次他要环绕这园子跑二十圈，大约两万米。他盼望以他的长跑成绩来获得政治上真正的解放，他以为记者的镜头和文字可以帮他做到这一点。第一年他在春节环城赛上跑了第十五名，他看见前十名的照片都挂在了长安街的新闻橱窗里，于是有了信心。第二年他跑了第四名，可是新闻橱窗里只挂了前三名的照片，他没灰心。第三年他跑了第七名，橱窗里挂前六名的照片，他有点怨自己。第四年他跑了第三名，橱窗里却只挂了第一名的照片。第五年他跑了第一名——他几乎绝望了，橱窗里只有一幅环城赛群众场面的照片。

那些年我们俩常一起在这园子里待到天黑，开怀痛骂，骂完沉默着回家，分手时再互相叮嘱：先别去死，再试着活一活看。现在他已经不跑了，年岁太大了，跑不了那么快了。最后一次参加环城赛，他以三十八岁之龄又得了第一名并破了纪录，有一位专业队的教练对他说："我要是十年前发现你就好了。"他苦笑一下什么也没说，只在傍晚又来这园中找到我，把这事平静地向我叙说一遍。不见他已有好几年了，现在他和妻子和儿子住在很远的地方。

这些人现在都不到园子里来了，园子里差不多完全换了一批新人。十五年前的旧人，现在就剩我和那对老夫老妻了。有那么一段时间，这老夫老妻中的一个也忽然不来，薄暮时分唯男人独自来散步，步态也明显迟缓了许多，我悬心了很久，怕是那女人出了什么事。幸好过了一个冬天那女人又来了，两个人仍是逆时针绕着园子走，一长一短两个身影恰似钟表的两支指针；女人的头发白了许多，但依旧攀着丈夫的胳膊走得像个孩子。"攀"这个字用得不恰当了,或许可以用"搀"吧,不知有没有兼具这两个意思的字。

五

我也没有忘记一个孩子——一个漂亮而不幸的小姑娘。十五年前的那个下午,我第一次到这园子里来就看见了她,那时她大约三岁,蹲在斋宫西边的小路上捡树上掉落的"小灯笼"。那儿有几棵大栾树,春天开一簇簇细小而稠密的黄花,花落了便结出无数如同三片叶子合抱的小灯笼,小灯笼先是绿色,继尔转白,再变黄,成熟了掉落得满地都是。小灯笼精巧得令人爱惜,成年人也不免捡了一个还要捡一个。小姑娘咿咿呀呀地跟自己说着话,一边捡小灯笼;她的嗓音很好,不是她那个年龄所常有的那般尖细,而是很圆润甚或是厚重,也许是因为那个下午园子里太安静了。

我奇怪这么小的孩子怎么一个人跑来这园子里?我问她住在哪儿?她随便指一下,就喊她的哥哥,沿墙根一带的茂草之中便站起一个七八岁的男孩,朝我望望,看我不像坏人便对他的妹妹说:"我在这儿呢",又伏下身去,他在捉什么虫子。他捉到螳螂、蚂蚱、知了和蜻蜓,来取悦他的妹妹。有那么两三年,我经常在那几棵大栾树下见到他们,兄妹俩总是在一起玩,玩得和睦融洽,都渐渐长大了些。之后有很多年没见到他们。我想他们都在学校里吧,小姑娘也到了上学的年龄,必是告别了孩提时光,没有很多机会来这儿玩了。这事很正常,没理由太搁在心上,若不是有一年我又在园中见到他们,肯定就会慢慢把他们忘记。

那是个礼拜日的上午。那是个晴朗而令人心碎的上午，时隔多年，我竟发现那个漂亮的小姑娘原来是个弱智的孩子。我摇着车到那几棵大栾树下去，恰又是遍地落满了小灯笼的季节；当时我正为一篇小说的结尾所苦，既不知为什么要给它那样一个结尾，又不知何以忽然不想让它有那样一个结尾，于是从家里跑出来，想依靠着园中的镇静，看看是否应该把那篇小说放弃。我刚刚把车停下，就见前面不远处有几个人在戏耍一个少女，做出怪样子来吓她，又喊又笑地追逐她拦截她，少女在几棵大树间惊惶地东跑西躲，却不松手揪卷在怀里的裙裾，两条腿袒露着也似毫无察觉。

我看出少女的智力是有些缺陷，却还没看出她是谁。我正要驱车上前为少女解围，就见远处飞快地骑车来了个小伙子，于是那几个戏耍少女的家伙望风而逃。小伙子把自行车支在少女近旁，怒目望着那几个四散逃窜的家伙，一声不吭喘着粗气。脸色如暴雨前的天空一样一会儿比一会儿苍白。这时我认出了他们，小伙子和少女就是当年那对小兄妹。我几乎是在心里惊叫了一声，或者是哀号。世上的事常常使上帝的居心变得可疑。

小伙子向他的妹妹走去。少女松开了手，裙裾随之垂落了下来，很多很多她捡的小灯笼便洒落了一地，铺散在她脚下。她仍然算得漂亮，但双眸迟滞没有光彩。她呆呆地望那群跑散的家伙，望着极目之处的空寂，凭她的智力绝不可能把这个世界想明白吧？大树下，破碎的阳光星星点点，风把遍地的小灯笼吹得滚动，仿佛暗哑地响着无数小铃铛。哥哥把妹妹扶上自行车后座，带着她无言地回家去了。

无言是对的。要是上帝把漂亮和弱智这两样东西都给了这个小姑娘，就只有无言和回家去是对的。

谁又能把这世界想个明白呢？世上的很多事是不堪说的。你可以抱怨上帝何以要降诸多苦难给这人间，你也可以为消灭种种苦难而奋斗，并为此享有崇高与骄傲，但只要你再多想一步你就会坠入深深的迷茫了：假如世界上没有了苦难，世界还能够存在吗？要是没有愚钝，机智还有什么光荣呢？要是没了丑陋，漂亮又怎么维系自己的幸运？要是没有了恶劣和卑下，善良与高尚又将如何界定自己又如何成为美德呢？要是没有了残疾，健全会否因其司空见惯而变得腻烦和乏味呢？

我常梦想着在人间彻底消灭残疾，但可以相信，那时将由患病者代替残疾人去承担同样的苦难。如果能够把疾病也全数消灭，那么这份苦难又将由（比如说）像貌丑陋的人去承担了。就算我们连丑陋，连愚昧和卑鄙和一切我们所不喜欢的事物和行为，也都可以统统消灭掉，所有的人都一样健康、漂亮、聪慧、高尚，结果会怎样呢？怕是人间的剧目就全要收场了，一个失去差别的世界将是一条死水，是一块没有感觉没有肥力的沙漠。

看来差别永远是要有的。看来就只好接受苦难——人类的全部剧目需要它，存在的本身需要它。看来上帝又一次对了。

于是就有一个最令人绝望的结论等在这里：由谁去充任那些苦难的角色？又有谁去体现这世间的幸福、骄傲和快乐？只好听凭偶然，是没有道理好讲的。

就命运而言，休论公道。

那么，一切不幸命运的救赎之路在哪里呢？设若智慧的悟性可以引领我们去找到救赎之路，难道所有的人都能够获得这样的智慧和悟性吗？我常以为是丑女造就了美人。我常以为是愚氓举出了智者。我常以为是懦夫衬照了英雄。我常以为是众生度化了佛祖。

六

设若有一位园神，他一定早已注意到了，这么多年我在这园里坐着，有时候是轻松快乐的，有时候是沉郁苦闷的，有时候优哉游哉，有时候悒惶落寞，有时候平静而且自信，有时候又软弱，又迷茫。其实总共只有三个问题交替着来骚扰我，来陪伴我。第一个是要不要去死？第二个是为什么活？第三个，我干嘛要写作？现在让我看看，它们迄今都是怎样编织在一起的吧。

你说，你看穿了死是一件无须着急去做的事，是一件无论怎样耽搁也不会错过的事，便决定活下去试试？是的，至少这是很关键的因素。为什么要活下去试试呢？好像仅仅是因为不甘心，机会难得，不试白不试，腿反正是完了，一切仿佛都要完了，但死神很守信用，试一试不会额外再有什么损失。说不定倒有额外的好处呢是不是？我说过，这一来我轻松多了，自由多了。为什么要写作呢？"作家"是两个被人看重的字，这谁都知道。为了让那个躲在园子深处坐轮椅的人，有朝一日在别人眼里也稍微有点光彩，在众人眼里也能有个位置，哪怕那时再去死呢也就多少说得过去了，开始的时候就是这样想，这不用保密，这些现在不用保密了。

我带着本子和笔，到园中找一个最不为人打扰的角落，偷偷地写。那个爱唱歌的小伙子在不远的地方一直唱。要是有人走过来,我就把本子合上把笔叼在嘴里。我怕写不成反落得尴尬。我很要面子。可是你写成了,而且发表了。人家说我写得还不坏,他们甚至说:真没想到你写得这么好。我心说你们没想到的事还多着呢。

我确实有整整一宿高兴得没合眼。我很想让那个唱歌的小伙子知道,因为他的歌也毕竟是唱得不错。我告诉我的长跑家朋友的时候,那个中年女工程师正优雅地在园中穿行;长跑家很激动,他说好吧,我玩命跑,你玩命写。这一来你中了魔了,整天都在想哪一件事可以写,哪一个人可以让你写成小说。是中了魔了,我走到哪儿想到哪儿,在人山人海里只寻找小说,要是有一种小说试剂就好了,见人就滴两滴看他是不是一篇小说,要是有一种小说显影液就好了,把它泼满全世界看看都是哪儿有小说,中了魔了,那时我完全是为了写作活着。

结果你又发表了几篇,并且出了一点小名,可这时你越来越感到恐慌。我忽然觉得自己活得像个人质,刚刚有点像个人了却又过了头,像个人质,被一个什么阴谋抓了来当人质,不定哪天被处决,不定哪天就完蛋。你担心要不了多久你就会文思枯竭,那样你就又完了。凭什么我总能写出小说来呢?凭什么那些适合作小说的生活素材就总能送到一个截瘫者跟前来呢?人家满世界跑都有枯竭的危险,而我坐在这园子里凭什么可以一篇接一篇地写呢?你又想到死了。

我想见好就收吧。当一名人质实在是太累了、太紧张了、太朝不保夕了。我为写作而活下来,要是写作到底不是我应该干的事，我想我再活下去是不是太冒傻气了？你这么想着你却还在绞尽脑汁地想写。我好歹又拧出点水来，从一条快要晒干的毛巾上。恐慌日甚一日，随时可能完蛋的感觉比完蛋本身可怕多了，所谓不怕贼偷就怕贼惦记，我想人不如死了好，不如不出生的好，不如压根儿没有这个世界的好。可你并没有去死。我又想到那是一件不必着急的事。可是不必着急的事并不证明是一件必要拖延的事呀？你总是决定活下来，这说明什么？是的，我还是想活。人为什么活着？因为人想活着，说到底是这么回事，人真正的名字叫作：欲望。可我不怕死，有时候我真的不怕死。

有时候，——说对了。不怕死和想去死是两回事，有时候不怕死的人是有的，一生下来就不怕死的人是没有的。我有时候倒是怕活。可是怕活不等于不想活呀？可我为什么还想活呢？因为你还想得到点什么、你觉得你还是可以得到点什么的，比如说爱情，比如说，价值感之类，人真正的名字叫欲望。这不对吗？我不该得到点什么吗？没说不该。可我为什么活得恐慌，就像个人质？

后来你明白了，你明白你错了，活着不是为了写作，而写作是为了活着。你明白了这一点是在一个挺滑稽的时刻。那天你又说你不如死了好，你的一个朋友劝你：你不能死，你还得写呢，还有好多好作品等着你去写呢。这时候你忽然明白了，你说：只是因为我活着，我才不得不写作。或者说只是因为你还想活下去，你才不得不写作。是的，这样说过之后我竟然不那么恐慌了。就像你看穿了死之后所得的那份轻松？一个人质报复一场阴谋的最有效的办法是把自己杀死。我看出我得先把我杀死在市场上，那样我就不用参加抢购题材的风潮了。你还写吗？还写。你真的不得不写吗？人都忍不住要为生存找一些牢靠的理由。你不担心你会枯竭了？我不知道，不过我想，活着的问题在死前是完不了的。

这下好了，您不再恐慌了不再是个人质了，您自由了。算了吧你，我怎么可能自由呢？别忘了人真正的名字是欲望。所以您得知道，消灭恐慌的最有效的办法就是消灭欲望。可是我还知道，消灭人性的最有效的办法也是消灭欲望。那么，是消灭欲望同时也消灭恐慌呢？还是保留欲望同时也保留人生？我在这园子里坐着，我听见园神告诉我，每一个有激情的演员都难免是一个人质。每一个懂得欣赏的观众都巧妙地粉碎了一场阴谋。每一个乏味的演员都是因为他老以为这戏剧与自己无关。

每一个倒霉的观众都是因为他总是坐得离舞台太近了。

我在这园子里坐着，园神成年累月地对我说：孩子，这不是别的，这是你的罪孽和福祉。

七

要是有些事我没说，地坛，你别以为是我忘了，我什么也没忘，但是有些事只适合收藏。不能说，也不能想，却又不能忘。它们不能变成语言，它们无法变成语言，一旦变成语言就不再是它们了。它们是一片朦胧的温馨与寂寥，是一片成熟的希望与绝望，它们的领地只有两处：心与坟墓。比如说邮票，有些是用于寄信的，有些仅仅是为了收藏。

如今我摇着车在这园子里慢慢走，常常有一种感觉，觉得我一个人跑出来已经玩得太久了。有一天我整理我的旧像册，一张十几年前我在这园子里照的照片——那个年轻人坐在轮椅上，背后是一棵老柏树，再远处就是那座古祭坛。我便到园子里去找那棵树。我按着照片上的背景找很快就找到了它，按着照片上它枝干的形状找，肯定那就是它。但是它已经死了，而且在它身上缠绕着一条碗口粗的藤萝。

有一天我在这园子碰见一个老太太，她说："哟，你还在这儿哪？"

她问我："你母亲还好吗？"

"您是谁？"

"你不记得我，我可记得你。有一回你母亲来这儿找你，她问我您看没看见一个摇轮椅的孩子……"我忽然觉得，我一个人跑到这世界上来真是玩得太久了。有一天夜晚，我独自坐在祭坛边的路灯下看书，忽然从那漆黑的祭坛里传出一阵阵唢呐声；四周都是参天古树，方形祭坛占地几百平米空旷坦荡独对苍天，我看不见那个吹唢呐的人，唯唢呐声在星光寥寥的夜空里低吟高唱，时而悲怆时而欢快，时而缠绵时而苍凉，或许这几个词都不足以形容它，我清清醒醒地听出它响在过去，响在现在，响在未来，回旋飘转亘古不散。

必有一天，我会听见喊我回去。

那时您可以想象一个孩子，他玩累了可他还没玩够呢。心里好些新奇的念头甚至等不及到明天。也可以想象是一个老人，无可置疑地走向他的安息地，走得任劳任怨。还可以想象一对热恋中的情人，互相一次次说："我一刻也不想离开你。"又互相一次次说:"时间已经不早了。"时间不早了可我一刻也不想离开你,一刻也不想离开你可时间毕竟是不早了。

我说不好我想不想回去。我说不好是想还是不想,还是无所谓。我说不好我是像那个孩子,还是像那个老人,还是像一个热恋中的情人。很可能是这样:我同时是他们三个。我来的时候是个孩子,他有那么多孩子气的念头所以才哭着喊着闹着要来,他一来一见到这个世界便立刻成了不要命的情人,而对一个情人来说,不管多么漫长的时光也是稍纵即逝,那时他便明白,每一步每一步,其实一步步都是走在回去的路上。当牵牛花初开的时节,葬礼的号角就已吹响。

但是太阳,他每时每刻都是夕阳也都是旭日。当他熄灭着走下山去收尽苍凉残照之际,正是他在另一面燃烧着爬上山巅布散烈烈朝辉之时。那一天,我也将沉静着走下山去,扶着我的拐杖。有一天,在某一处山洼里,势必会跑上来一个欢蹦的孩子,抱着他的玩具。

当然,那不是我。

但是,那不是我吗?宇宙以其不息的欲望将一个歌舞炼为永恒。这欲望有怎样一个人间的姓名,大可忽略不计。

沙坪小屋的鹅

丰子恺

抗战胜利后八个月零十天,我卖脱了三年前在重庆沙坪坝庙湾地方自建的小屋,迁居城中去等候归舟。

除了托庇三年的情感以外,我对这小屋实在毫无留恋,因为这屋太简陋了,这环境太荒凉了;我去屋如弃敝屣。倒是屋里养的一只白鹅,使我念念不忘。

这白鹅,是一位将要远行的朋友送给我的。这朋友住在北碚,特地从北碚把这鹅带到重庆来送给我,我亲自抱了这雪白的大鸟回家,放在院子内。它伸长了头颈,左顾右盼,我一看这姿态,想道:"好一个高傲的动物!"凡动物,头是最主要部分。这部分的形状,最能表明动物的性格。例如狮子、老虎,头都是大的,表示其力强。麒麟、骆驼,头都是高的,表示其高超。狼、狐、狗等,头都是尖的,表示其刁奸狠鄙。猪猡、乌龟等,头都是缩的,表示其冥顽愚蠢。鹅的头在比例上比骆驼更高,与麒麟相似,正是高超的性格的表示。而在它的叫声、步态、吃相中,更表示出一种傲慢之气。

鹅的叫声，与鸭的叫声大体相似，都是"轧轧"然的。但音调上大不相同。鸭的"轧轧"，其音调琐碎而愉快，有小心翼翼的意味；鹅的"轧轧"，其音调严肃郑重，有似厉声呵斥。它的旧主人告诉我：养鹅等于养狗，它也能看守门户。后来我看到果然：凡有生客进来，鹅必然厉声叫嚣；甚至篱笆外有人走路，它也要引吭大叫，其叫声的严厉，不亚于狗的狂吠。狗的狂吠，是专对生客或宵小用的；见了主人，狗会摇头摆尾，呜呜地乞怜。鹅则对无论何人，都是厉声呵斥；要求饲食时的叫声，也好像大爷嫌饭迟而怒骂小使一样。

鹅的步态，更是傲慢了。这在大体上也与鸭相似。但鸭的步调急速，有局促不安之相。鹅的步调从容，大模大样的，颇像平剧里的净角出场。这正是它的傲慢的性格的表现。我们走近鸡或鸭，这鸡或鸭一定让步逃走，这是表示对人惧怕，所以我们要捉住鸡或鸭，颇不容易。那鹅就不然：它傲然地站着，看见人走来毫不相让；有时非但不让，竟伸过颈子来咬你一口。这表示它不怕人，看不起人。但这傲慢终归是狂妄的。我们一伸手，就可一把抓住它的项颈，而任意处置它。家畜之中，最傲人的无过于鹅，同时最容易捉住的也无过于鹅。

鹅的吃饭，常常使我们发笑。我们的鹅是吃冷饭的，一日三餐。它需要三样东西下饭：一样是水，一样是泥，一样是草。先吃一口冷饭，再喝一口水，然后再到某地方去吃一口泥和草。大约这些泥和草也有各种滋味，它是依着它的胃口而选定的。这食料并不奢侈；但它的吃法，三眼一板，一丝不苟。譬如吃了一口饭，倘水盆偶然放在远处，它一定从容不迫地踏大步走上前去，

· 63 ·

饮水一口，再踏大步走到一定的地方去吃泥、吃草。吃过泥和草再回来吃饭。这样从容不迫地吃饭，必须有一个人在旁侍候，像饭馆里的堂倌一样。

因为附近的狗，都知道我们这位鹅老爷的脾气，每逢它吃饭的时候，狗就躲在篱边窥伺。等它吃过一口饭，踏着方步去吃水、吃泥、吃草的当儿，狗就敏捷地跑上来，努力地吃它的饭。没有吃完，鹅老爷偶然早归，伸颈去咬狗，并且厉声叫骂，狗立刻逃往篱边，蹲着静候；看它再吃了一口饭，再走开去吃水、吃草、吃泥的时候，狗又敏捷地跑上来，这回就把它的饭吃完，扬长而去了。等到鹅再来吃饭的时候，饭罐已经空空如也。鹅便昂首大叫，似乎责备人们供养不周。这时我们便替它添饭，并且站着侍候。因为邻近狗很多，一狗方去，一狗又来蹲着窥伺了。邻近的鸡也很多，也常蹑手蹑脚地来偷鹅的饭吃。我们不胜其烦，以后便将饭罐和水盆放在一起，免得它走远去，让鸡、狗偷饭吃。然而它所必需的盛馔泥和草，所在的地点远近无定。为了找这盛馔，它仍是要走远去的。因此鹅的吃饭，非有一人侍候不可。真是架子十足的！

鹅，不拘它如何高傲，我们始终要养它，直到房子卖脱为止。因为它对我们，物质上和精神上都有贡献。使主母和主人都欢喜它。物质上的供献，是生蛋。它每天或隔天生一个蛋，篱边特设一堆稻草，鹅蹲伏在稻草中了，便是要生蛋了。家里的小孩子更兴奋，站在它旁边等候。它分娩毕，就起身，大踏步走进屋里去，大声叫开饭。这时候孩子们把蛋热热地捡起，藏在背后拿进屋子来，说是怕鹅看见了要生气。鹅蛋真是大，有鸡蛋的四倍呢！主母的蛋篓子内积得多了，就拿来制盐蛋，炖一个盐鹅蛋，一家人吃不了！工友上街买菜回来说："今天菜市上有卖鹅蛋的，要四百元一个，我们的鹅每天挣四百元，一个月挣一万二，比我们做工的还好呢，哈哈，哈哈。"我们也陪他一个"哈哈，哈哈。"望望那鹅，它正吃饱了饭，昂胸凸肚地，在院子里跨方步，看野景，似乎更加神气了。但我觉得，比吃鹅蛋更好的，还是它的精神贡献。因为我们这屋实在太简陋，环境实在太荒凉，生活实在太岑寂了。赖有这一只白鹅，点缀庭院，增加生气，慰我寂寥。

且说我这屋子，真是简陋极了：篱笆之内，地皮二十方丈，屋所占的只六方丈。这六方丈上，建着三间"抗建式"平屋，每间前后划分为二室，共得六室，每室平均一方丈。中央一间，前室特别大些，约有一方丈半弱，算是食堂兼客堂；后室就只有半方丈强，比公共汽车还小，作为家人的卧室。西边一间，平均划分为二，算是厨房及工友室。东边一间，也平均划分为二，后室也是家人的卧室，前室便是我的书房兼卧房。三年以来，我坐卧写作，都在这一方丈内。归熙甫《项脊轩记》中说："室仅方丈，可容一人居。"又说："雨泽下注，每移案，顾视无可置者。"我只有想起这些话的时候，感觉得自己满足。我的屋虽不上漏，可是墙是竹制的，单薄得很。夏天九点钟以后，东墙上炙手可热，室内好比开放了热水汀。这时候反教人希望警报，可到六七丈深的地下室去凉快一下呢。

竹篱之内的院子，薄薄的泥层下面尽是岩石，只能种些番茄、蚕豆、芭蕉之类，却不能种树木。竹篱之外，坡岩起伏，尽是荒郊。因此这小屋赤裸裸的、孤零零的，毫无依蔽；远远望来，正像一个亭子。我长年坐守其中，就好比一个亭长。这地点离街约有里许，小径迂回，不易寻找，来客极稀。杜诗"幽栖地僻经过少"一句，这室可以受之无愧。风雨之日，泥泞载途，狗也懒得走过，环境荒凉更甚。这些日子的岑寂的滋味，至今回想还觉得可怕。

自从这小屋落成之后，我就辞绝了教职，恢复了战前的即居生活。我与外间绝少往来，每日只是读书作画、饮酒闲谈而已。我的时间全部是我自己的，这是我的性格的要求，这在我是认为幸福的。然而这幸福必须有两个条件：在太平时，在都会里。如今在抗战期，在荒村里，这幸福就伴着一种苦闷——寄寂。为避免这苦闷，我便在读书、作画之余，在院子里种豆、种菜、养鸽、养鹅。而鹅给我的印象最深。因为它有那么庞大的身体，那么雪白的颜色，那么雄壮的叫声，那么轩昂的态度，那么高傲的脾气和那么可笑的行为。在这荒凉岑寂的环境中，这鹅竟成了一个焦点。凄风苦雨之日，手酸意倦之时，推窗一望，死气沉沉，唯有这伟大的雪白的东西，高擎着琥珀色的喙，在雨中昂然独步，好像一个武装的守卫，使得这小屋有了保障，这院子有了主宰，这环境有了生气。

我的小屋易主的前几天，我把这鹅送给住在小龙坎的朋友人家。送出之后的几天内，颇有异样的感觉。这感觉与诀别一个人的时候所发生的感觉完全相同，不过分量较为轻微而已。原来一切众生，本是同根，凡属血气，皆有共感。所以这禽鸟比这房屋更是牵惹人情，更能使人留恋。现在我写这篇短文，就好比为一个永诀的朋友立传、写照。

这鹅的旧主人姓夏名宗禹，现在与我邻居着。

沙坪的美酒

丰子恺

胜利快来到了。逃难的辛劳渐渐忘却了。我住在重庆郊外的沙坪坝庙湾特五号自造的抗建式小屋中的数年间,晚酌是每日的一件乐事,是白天笔耕的一种慰劳。

我不喜吃白酒,味近白酒的白兰地,我也不要吃。巴拿马赛会得奖的贵州茅台酒,我也不要吃。总之,凡白酒之类的,含有多量酒精的酒,我都不要吃。所以我逃难中住在广西贵州的几年,差不多戒酒。因为广西的三花、贵州的茅台,均含有多量酒精,无论本地人说得怎样好,我都不要吃。

由贵州茅台酒的产地遵义迁居到重庆沙坪坝之后,我开始恢复晚酌,酌的是"渝酒",即重庆人仿造的黄酒。

我所以不喜白酒而喜黄酒,原因很简单:就为了白酒容易醉,而黄酒不易醉。"吃酒图醉,放债图利",这种功利的吃酒,实在不合于吃酒的本旨。吃饭、吃药,是功利的。吃饭求饱、吃药求愈,是对的。但吃酒这件事,性状就完全不同。吃酒是为兴味,为享乐,不是求其速醉。譬如二三人情投意合,促膝谈心,倘添上各人一杯黄酒在手，话兴一定更浓。吃到三杯，心窗洞开，真情挚语，娓娓而来。古人所谓"酒三昧"，即在于此。但决不可吃醉，醉了，胡言乱道，诽谤唾骂，甚至呕吐，打架。那真是不会吃酒，违背吃酒的本旨了。所以吃酒决不是图醉。所以容易醉人的酒决不是好酒。巴拿马赛会的评判员倘换了我，一定把一等奖给绍兴黄酒。

沙坪的酒，当然远不及杭州上海的绍兴酒。然而"使人醺醺而不醉"，这重要条件是具足了的。人家都讲究好酒，我却不大关心。有的朋友把从上海坐飞机来的真正"陈绍"送我。其酒固然比沙坪的酒气味清香些，上口舒适些；但其效果也不过是"醺醺而不醉"。在抗战期间，请绍酒坐飞机，与请洋狗坐飞机有相似的意义。这意义所给人的不快，早已抵消了其气味的清香与上口的舒适了。我与其吃这种绍酒，宁愿吃沙坪的渝酒。

"醉翁之意不在酒"，这真是善于吃酒的人说的至理名言。我抗战期间在沙坪小屋中的晚酌，正是"意不在酒"。我借饮酒作为一天的慰劳，又作为家庭聚会的一种助兴品。在我看来，晚餐是一天的大团圆。我的工作完毕了；读书的、办公的孩子们都回来了；家离市远，访客不再光临了；下文是休息和睡眠，时间尽可从容了。若是这大团圆的晚餐只有饭菜而没有酒，则不能延长时间，匆匆地把肚皮吃饱就散场，未免太少兴趣。况且我的吃饭，从小养成一种快速习惯，要慢也慢不来。有的朋友吃一餐饭能消磨一两小时，我不相信他们如何吃法。在我，吃一餐饭至多只花十分钟。这是我小时从李叔同先生学钢琴时养成的习惯。

那时我在师范学校读书，只有吃午饭（十二点）后到一点钟上课的时间，和吃夜饭（六点）后到七点钟上自修的时间，是教弹琴的时间。我十二点吃午饭，十二点一刻须得到弹琴室；六点钟吃夜饭，六点一刻须得到弹琴室。吃饭，洗碗，洗面，都要在十五分钟内了结。这样的数年，使我养成了快吃的习惯。后来虽无快吃的必要，但我仍是非快不可。这就好比反刍类的牛，野生时代因为怕狮虎侵害而匆匆吞入胃内，急忙回到洞内，再吐出来细细地咀嚼，养成了反刍的习惯；做了家畜以后，虽无快吃的必要，但它仍是要反刍。如果有人劝我慢慢吃，在我是一件苦事。因为慢吃违背了惯性，很不自然，很不舒服。一天的大团圆的晚餐，倘使我以十分钟了事，岂不太草草了？所以我的晚酌，意不在酒，是要借饮酒来延长晚餐的时间，增加晚餐的兴味。

沙坪的晚酌，回想起来颇有兴味。那时我的儿女五人，正在大学或专科或高中求学，晚上回家，报告学校的事情，讨论学业的问题。他们的身体在我的晚酌中渐渐高大起来。我在晚酌中看他们升级，看他们毕业，看他们任职。就差一个没有看他们结婚。在晚酌中看成群的儿女长大成人，照一般的人生观说来是"福气"，照我的人生观说来只是"兴味"。这好比饮酒赏春，眼看花草树木，欣欣向荣；自然的美，造物的用意，神的恩宠，我在晚酌中历历地感到了。陶渊明诗云："试酌百情远，重觞忽忘天。"我在晚酌三杯以后，便能体会这两句诗的真味。我曾改古人诗云："满眼儿孙身外事，闲将美酒对银灯。"因为沙坪小屋的电灯特别明亮。

还有一种兴味，却是千载一遇的：我在沙坪小屋的晚酌中，眼看抗战局势的好转。我们白天各自看报，晚餐桌上大家报告讨论。我在晚酌中眼看东京的大轰炸,莫索里尼(墨索里尼)的被杀,德国的败亡,独山的收复,直到波士坦(波茨坦)宣言的发出,八月十日夜日本的无条件投降。我的酒味越吃越美。我的酒量越吃越大,从每晚八两增加到一斤。

大家说我们的胜利是有史以来的一大奇迹。我的胜利的欢喜,是在沙坪小屋晚上吃酒吃出来的!所以我确认,世间的美酒,无过于沙坪坝的四川人仿造的渝酒。我有生以来从未吃过那样的美酒。即如现在,我已"胜利复员,荣归故乡";故乡的真正陈绍,比沙坪坝的渝酒好到不可比拟,我也照旧每天晚酌;然而味道远不及沙坪的渝酒。因为晚酌的下酒物,不是物价狂涨,便是盗贼蜂起;不是贪污舞弊,便是横暴压迫。沙坪小屋中的晚酌的那种兴味,现在已经不可复得了!唉,我很想回重庆去,再到沙坪小屋里去吃那种美酒。

慈慧殿三号

朱光潜

慈慧殿并没有殿,它只是后门里一个小胡同,因西口一座小庙得名。庙中供的是菩萨,我在此住了三年,始终没有去探头一看,虽然路过庙门时,心里总是要费一番揣测。慈慧殿三号和这座小庙隔着三四家居户,初次来访的朋友们都疑心它是庙,至少,它给他们的是一座古庙的印象,尤其是在树没有叶的时候;在北平,只有夏天才真是春天,所以慈慧殿三号像古庙的时候是很长的。它像庙,一则是因为它荒凉,二则是因为它冷清,但是最大的类似点恐怕在它的建筑,它孤零零地兀立在破墙荒园之中,显然与一般民房不同。这三年来,我做了它的临时"住持",到现在仍没有请书家题一个某某斋或某某馆之类的扁(匾)额来点缀,始终很固执地叫它"慈慧殿三号",这正如有庙无佛,多一事不如省一事。

慈慧殿三号的左右邻家都有崭新的朱漆大门,它的破烂污秽的门楼居在中间,越发显得它是一个破落户的样子。一进门,右手是一个煤栈,是今年新搬来的,天晴时天井里右方隙地总是晒着煤球，有时门口停着运煤的大车以及它所应有的附属品——黑麻布袋、黑牲口、满面涂着黑煤灰的车夫。在北方居过的人会立刻联想到一种类型的龌龊场所。一粘上煤没有不黑不脏的，你想想德胜门外、门头沟车站或是旧工厂的锅炉房，你对于慈慧殿三号的门面就可以想象得一个大概。

和煤栈对面的——仍然在慈慧殿疆域以内——是一个车房，所谓"车房"就是停人力车和人力车夫居住的地方。无论是停车的或是住车夫的房子照例是只有三面墙，一面露天。房子对于他们的用处只是遮风雨；至于防贼、掩盖秘密，都全是另一个阶级的需要。慈慧殿三号的门楼左手只有两间这样的三面墙的房子，五六个车子占了一间；在其余的一间里，车夫、车夫的妻子和猫狗进行他们的一切活动：做饭、吃饭、睡觉、养儿子、会客谈天，等等。晚上回来，你总可以看见车夫和他的大肚子的妻子"举案齐眉"式地蹬（蹲）在地上用晚饭，房东的看门的老太婆捧着长烟杆，闭着眼睛，坐在旁边吸旱烟。有时他们围着那位精明强干的车夫听他演说时事或故事。虽无瓜架豆棚，却是乡村式的太平岁月。

这些都是在二道门以外。进二道门一直望进去是一座高大而空阔的四合房子。里面整年地鸦雀无声，原因是唯一的男主人天天是夜出早归，白天里是他的高卧时间；其余尽是妇道之家，都挤在最后一进房子，让前面的房子空着。房子里面从"御赐"的屏风到四足不全的椅凳都已逐渐典卖干净，连这座空房子也已经抵押了超过卖价的债项。这里面七八口之家怎样撑持他们的槁木死灰的生命是谁也猜不出来的疑案。在三十年以前他们是声威煊赫的"黄带子",杀人不用偿命的。我和他们整年无交涉,除非他们的"大爷"偶尔拿一部宋拓《圣教序》或是一块端砚来向我换一点烟资,他们的小姐们每年照例到我的园子里来两次,春天来摘一次丁香花,秋天来打一次枣子。

煤栈、车房、破落户的旗人,北平的本地风光算是应有尽有了。我所"住持"的"庙"原来和这几家共一个大门出入,和它们公用"慈慧殿三号"的门牌,不过在事实上是和他们隔开来的。进二道门之后向右转,当头就是一道隔墙。进这隔墙的门才是我所特指的"慈慧殿三号"。本来这园子的几十丈长的围墙随处可以打一个孔,开一个独立的门户。有些朋友嫌大门口太不像样子,常劝我这样办,但是我始终没有听从,因为我舍不得煤栈、车房所给我的那一点劳动生活的景象,舍不得进门时那一点曲折和垮(跨)进园子时那一点突然惊讶。如果自营一个独立门户,这几个美点就全毁了。

从煤栈、车房转弯走进隔墙的门,你不能不感到一种突然惊讶。如果是早晨的话,你会立刻想到"清晨入古寺,初日照高林。曲径通幽处,禅房花木深"几句诗是恰好配用在这里的。百年以上的老树到处都可爱,尤其是在城市里成林;什么种类都可爱,尤其是松柏和楸。这里没有一棵松树,我有时不免埋怨百年以前经营这个园子的主人太疏忽。柏树也只有一棵大的,但它确实是大,而且一走进隔墙门就是它,它的浓荫布满了一个小院子,还分润到三间厢房。柏树以外,最多的是枣树,最稀奇的是楸树。北平城里人家有三棵两棵楸树的便视为珍宝。这里的楸树一数就可以数上十来棵,沿后院东墙脚的一排七棵俨然形成一段天然的墙。我到北平以后才见识楸树，一见就欢喜它。它在树木中间是神仙中间的铁拐李，《庄子》所说的"大本臃肿而不中绳墨，小枝卷曲而不中规矩"，拿来形容楸树似乎比樗更恰当。最奇怪的是这臃肿卷曲的老树到春天来会开类似牵牛的白花，到夏天来会放类似桑榆的碧绿的嫩叶。这园子里树木本来就很杂乱，大的小的，高的低的，不伦不类地混在一起；但是这十来棵楸树在杂乱中辟出一个头绪来，替园子注定一个很明显的个性。

我不是能雇用园丁的阶级中人，要说自己动手拿锄头喷壶吧，一时兴到，容或暂以此为消遣，但是"一日曝之，十日寒之"，究竟无济于事，所以园子终年是荒着的。一到夏天来，狗尾草、蒿子、前几年枣核落下地所长生的小树，以及许多只有植物学家才能辨别的草都长得有腰深。偶尔栽几棵丝瓜、玉蜀黍，以及西红柿之类的蔬菜，到后来都没在草里看不见。我自己特别挖过一片地，种了几棵芍药，两年没有开过一朵花。所以园子里所有的草木花都是自生自长用不着人经营的。秋天栽菊花比较成功，因为那时节没有多少乱草和它做剧烈的"生存竞争"。这一年以来，厨子稍分余暇来做"开荒"的工作，但是乱草总是比他勤快，随拔随长，日夜不息。

如果任我自己的脾胃，我觉得对于园子还是取绝对的放任主义较好。我的理由并不像浪漫时代诗人们所怀想的，并不是要找一个荒凉凄惨的境界来配合一种可笑的伤感。我欢喜一切生物和无生物尽量地维持它们的本来面目，我欢喜自然的粗率和芜乱，所以我始终不能真正地欣赏一个很整齐有秩序、路像棋盘、长青树剪成几何形体的园子，这正如我不喜欢赵子昂的字、仇英的画，或是一个中年妇女的油头粉面。我不要求房东把后院三间有顶无墙的破屋拆去或修理好，也是这个缘故。它要倒塌，就随它自己倒塌；它一日不倒塌，我一日尊重它的生存权。

园子里没有什么家畜动物。三年前宗岱和我合住的时节，他在北海里捉得一只刺猬回来放在园子里养着。后来它在夜里常做怪声气，惹得老妈见神见鬼。近来它穿墙迁到邻家去了，朋友送一只小猫来，算是补了它的缺。鸟雀儿北方本来就不多，但是因为几十棵老树的招邀，北方所有的鸟雀儿这里也算应有尽有。长年的顾客要算老鸹。它大概是鸦的别名，不过我没有下过考证。在南方它是不祥之鸟，在北方听说它有什么神话传说保护它，所以它虽然那样的"语言无谓，面目可憎"，却没有人肯剿灭它。它在鸟类中大概是最爱叫苦爱吵嘴的。你整年都听它在叫，但是永远听不出一点叫声是表现它对于生命的欣悦。在天要亮未亮的时候，它叫得特别起劲，它仿佛拼命地不让你享受香甜的晨睡，你不醒，它也引你做惊惧梦。我初来时曾买了弓弹去射它，后来弓坏了，弹完了，也就只得向它投降。反正披衣冒冷风起来驱逐它，你也还是不能睡早觉。

老鸹之外，麻雀甚多，无可记载。秋冬之季常有一种颜色极漂亮的鸟雀成群飞来，形状很类似画眉，不过不会歌唱。宗岱在此时硬说它来有喜兆，相信它和他请铁板神算家所批的八字都预兆他的婚姻恋爱的成功，但是他的讼事终于是败诉，他所追求的人终于是高飞远扬。他搬走以后，这奇怪的鸟雀到了节令仍旧成群飞还。鉴于往事，我也就不肯多存奢望了。

有一位朋友的太太说慈慧殿三号颇类似《聊斋志异》中所常

见的故家第宅,"旷废无居人,久之蓬蒿渐满,双扉常闭,白昼亦无敢入者……"但是如果有一位好奇的书生在月夜里探头进去一看,会瞟见一位散花天女,嫣然微笑,叫他"不觉神摇意夺",如此等情……我本凡胎,无此缘分,但有一件"异"事也颇堪一"志"。

有一天晚上,我躺在沙发上看书,凌坐在对面的沙发上共着一盏灯做针线,一切都沉在寂静里,猛然间听见一位穿革履的女人滴滴答答地从外面走廊的砖地上一步一步地走进来。我听见了,她也听见了,都猜测这是沉樱来了——她有时踏这种步声走进来。我走到门前掀帘子去迎她,声音却没有了,什么也没有看见。后来再四推测所得的解释是街上行人的步声,因为夜静,虽然是很远,听起来就好像近在咫尺。这究竟很奇怪,因为我们坐的地方是在一个很空旷的园子里,离街很远,平时在房子里绝对听不见街上行人的步声,而且那次听见步声分明是在走廊的砖地上。

这件事常存在我的心里,我仿佛得到一种启示,觉得我在这城市中所听到的一切声音都像那一夜所听到的走声,听起来那么近,而实在却又那么远。

后门大街

朱光潜

人生第一乐趣是朋友的契合。假如你有一个情趣相投的朋友居在邻近，风晨雨夕，彼此用不着走许多路就可以见面，一见面就可以毫无拘束地闲谈，而且一谈就可以谈出心事来，你不嫌他有一点怪脾气，他也不嫌你迟钝迂腐，像约翰生和包斯威尔在一块儿似的，那你就没有理由埋怨你的星宿。这种幸福永远使我可望而不可攀。第一，我生性不会谈话，和一个朋友在一块儿坐不到半点钟，就有些心虚胆怯，刻刻意识到我的呆板干枯叫对方感到乏味。谁高兴向一个只会说"是的"，"那也未见得"之类无谓语的人溜嗓子呢？其次，真正亲切的朋友都要结在幼年，人过三十，都不免不由自主地染上一些世故气，很难结交真正情趣相投的朋友。"相识满天下，知心能几人？"虽是两句平凡语，却是慨乎言之。因此，我唯一的解闷的方法就只有逛后门大街。

居过北平的人都知道北平的街道像棋盘线似的依照对称原则排列。有东四牌楼就有西四牌楼，有天安门大街就有地安门大街。北平的精华可以说全在天安门大街。它的宽大，整洁，辉煌，立刻就会使你觉到它象征一个古国古城的伟大雍容的气象。地安门（后门）大街恰好给它做一个强烈的反衬。它偏僻，阴暗，湫隘，局促，没有一点可以叫一个初来的游人留恋。我住在地安门里的慈慧殿，要出去闲逛，就只有这条街最就便。我无论是阴晴冷热，无日不出门闲逛，一出门就很机械地走到后门大街。它对于我好比一个朋友，虽是平凡无奇，因为天天见面，很熟习，也就变成很亲切了。

从慈慧殿到北海后门比到后门大街也只远几百步路。出后门，一直向北走就是后门大街，向西转稍走几百步路就是北海。后门大街我无日不走，北海则从老友徐中舒随中央研究院南迁以后（他原先住在北海），我每周至多只去一次。这并非北海对于我没有意味，我相信北海比我所见过的一切园子都好，但是北海对于我终于是一种奢侈，好比乡下姑娘的唯一一件的漂亮衣，不轻易从箱底翻出来穿一穿的。

有时我本预备去北海，但是一走到后门，就变了心眼，一直朝北去走大街，不向西转那一个弯。到北海要买门票，花二十枚铜子是小事，免不着那一层手续，究竟是一种麻烦；走后门大街可以长驱直入，没有站岗的向你伸手索票，打断你的幻想。这是第一个分别。在北海逛的是时髦人物，个个是衣裳楚楚，油头滑面的。你头发没有梳，胡子没有光，鞋子也没有换一双干净的，"囚首垢面而谈诗书"，已经是大不韪，何况逛公园？后门大街上走的尽是贩夫走卒，没有人嫌你怪相，你可以彻底地"随便"。这是第二个分别。逛北海，走到"仿膳"或是"漪澜堂"的门前，你不免想抬头看看那些喝茶的中间有你的熟人没有，但是你又怕打招呼，怕那里有你的熟人，故意地低着头匆匆地走过去，像做了什么坏事似的。在后门大街上你准碰不见一个熟人，虽然常见到彼此未通过姓名的熟面孔，也各行其便，用不着打无味的招呼。你可以尽量地饱尝着"匿名者"的心中一点自由而诡秘的意味。这是第三个分别。因为这些缘故，我老是牺牲北海的朱梁画栋和香荷绿柳而独行踽踽于后门大街。

到后门大街我很少空手回来。它虽然是破烂，虽然没有半里路长，却有十几家古玩铺，一家旧书店。这一点点缀可以见出后门大街也曾经过一个繁华时代，阅历过一些沧桑岁月，后门旧为旗人区域，旗人破落了，后门也就随之破落。但是那些破落户的破铜破铁还不断地送到后门的古玩铺和荒货摊。这些东西本来没有多少值得收藏的，但是偶尔遇到一两件，实在比隆福寺和厂甸的便宜。

我花过四块钱买了一部明初拓本《史晨碑》，六块钱买了二十几锭乾隆御墨，两块钱买了两把七星双刀，有时候花几毛钱买一个磁（瓷）瓶，一张旧纸，或是一个香炉。这些小东西本无足贵，但是到手时那一阵高兴实在是很值得追求。我从前在乡下时学过钓鱼，常蹲半天看不见浮标晃影子，偶然钓起来一个寸长的小鱼，虽明知其不满一咽，心里却非常愉快，我究竟是钓得了，没有落空。我在后门大街逛古董铺和荒货摊，心情正如钓鱼。鱼是小事，钓着和期待着有趣，钓得到什么，自然更是有趣。许多古玩铺和旧书店的老板都和我由熟识而成好朋友。过他们的门前，我的脚不由自主地踏进去。进去了，看了半天，件件东西都还是昨天所见过的。我自己觉得翻了半天还是空手走，有些对不起主人；主人也觉得没有什么新东西可以卖给我，心里有些歉然。但是这一点不尴尬，并不能妨碍我和主人的好感，到明天，我的脚还是照旧地不由自主地踏进他的门，他也依旧打起那副笑面孔接待我。

后门大街龌龊，是毋庸讳言的。就目前说，它虽不是贫民窟，一切却是十足的平民化。平民的最基本的需要是吃，后门大街上许多活动都是根据这个基本需要而在那里川流不息地进行。假如你是一个外来人，在后门大街走过一趟之后，坐下来搜求你的心影，除着破铜破铁破衣破鞋之外，就只有青葱大蒜，油条烧饼，和卤肉肥肠，一些油腻腻灰灰土土的七三八四和苍蝇骆驼混在一堆在你的昏眩的眼帘前晃影子。如果你回想你所见到的行人，他不是站在锅炉边嚼烧饼的洋车夫，就是坐在扁担上看守大蒜咸鱼的小贩。那里所有的颜色和气味都是很强烈的。这些混乱而又秽浊的景象有如陈年牛酪和臭豆腐乳，在初次接触时自然不免惹起你的嫌恶；但是如果你尝惯了它的滋味，它对于你却有一种不可抵御的引诱。

别说后门大街平凡，它有的是生命和变化！只要你有好奇心，肯乱窜，在这不满半里路长的街上和附近，你准可以不断地发见新世界。我逛过一年以上，才发见路西一个夹道里有一家茶馆。花三大枚的水钱，你可以在那儿坐一晚，听一部《济公传》或是《长坂坡》。至于火神庙里那位老拳师变成我的师傅，还是最近的事。你如果有幽默的癖性，你随时可以在那里寻到有趣的消遣。

有一天晚上我坐在一家旧书铺里，从外面进来一个跛子，向店主人说了关于他的生平一篇可怜的故事，讨了一个铜子出去。我觉得这人奇怪，就起来跟在他后面走，看他跛进了十几家店铺之后，腿子猛然直起来，踏着很平稳安闲的大步，唱"我好比南来雁"，沉没到一个阴暗的夹道里去了。在这个世界里的人们，无论他们的生活是复杂或简单，关于谁你能够说"我真正明白他的底细"呢？

一到了上灯时候，尤其在夏天，后门大街就在它的古老躯干之上尽量地炫耀近代文明。理发馆和航空奖券经理所的门前悬着一排又一排的百支烛光的电灯，照像馆的玻璃窗里所陈设的时装少女和京戏名角的照片也越发显得光彩夺目。家家洋货铺门上都张着无线电的大口喇叭，放送京戏鼓书相声和说不尽的许多其他热闹玩意儿。这时候后门大街就变成人山人海，左也是人，右也是人，各种各样的人。少奶奶牵着她的花簇簇的小儿女，羊肉店的老板扑着他的芭蕉叶，白衫黑裙和翻领卷袖的学生们抱着膀子或是靠着电线杆，泥瓦匠坐在阶石上敲去旱烟筒里的灰，大家都一齐心领神会似的在听，在看，在发呆。在这种时候，后门大街上准有我；在这种时候，我丢开几十年教育和几千年文化在我身上所加的重压，自自在在地沉没在贤愚一体，皂白不分的人群中，尽量地满足牛要跟牛在一块儿，蚂蚁要跟蚂蚁在一块儿那一种原始的要求。我觉得自己是这一大群人中的一个人，我在我自己的心腔血管中感觉到这一大群人的脉搏的跳动。

后门大街，对于一个怕周旋而又不甘寂寞的人，你是多么亲切的一个朋友！

春　阳

施蛰存

婵阿姨把保管箱锁上了，走出库门，看见那个年轻的行员正在对着她瞧，她心里一动，不由得回过头去向那一排一排整整齐齐的保管箱看了一眼，可是她已经认不得哪一只是三百零五号了。她望怀里一掏，刚才提出来的一百五十四元六角的息金好好地在内衣袋里。于是她走出了上海银行大门。

好天气，太阳那么大。这是她今天第一次感觉到的。不错，她一早从昆山乘火车来，一下火车，就跳上黄包车，到银行。她除了起床的时候曾经揭开窗帘看下不下雨之外，实在没有留心过天气。可是今天这天气着实好，近半个月来，老是那么样的风风雨雨的没得看见过好天气，今天却满街满屋的暖太阳了。到底是春天了，一晴就暖和。她把围在衣领上的毛绒围巾放松了一下。

这二月半旬的，好久不照到上海来的太阳，你别忽略了，倒真有一些魅力呢。倘若是像前两日一样的阴沉天气，当她从玻璃的旋转门中出来，一阵冷风扑上脸，她准是把一角围巾掩着嘴，雇一辆黄包车直到北火车站，在待车室里老等下午三点钟开的列车回昆山去的。今天扑脸上的乃是一股热气,一片晃眼的亮,这使她平空添出许多兴致。她摸出十年前的爱尔琴金表来。十二点还差十分。这样早。还好在马路上走走呢。

于是,昆山的婵阿姨,一个儿走到了春阳和煦的上海的南京路上。来来往往的女人男人,都穿得那么样轻,那么样美丽,又那么样小玲玲的,这使她感觉到自己底绒线围巾和驼绒旗袍的累赘。早知天会这样热,可就穿了那件雁翎绉衬绒旗袍来了。她心里划算着,手却把那绒线围巾除下来,折叠了搭在手腕上。

什么店铺都在大廉价。婵阿姨看看绸缎,看看瓷器,又看看各式各样的化妆品,丝袜,和糖果饼干。她想买一点吗?

不会的,这一点点力她定是有的。没有必需,她不会买什么东西。要不然,假如她舍得随便花钱,她怎么会牺牲了一生的幸福,肯抱牌位做亲呢?

她一路走,一路看。从江西路口走到三友实业社,已经过午时了。她觉得热,额角上有些汗。袋里一摸,早上出来没带着手帕。这时,她觉得有必需了。她走进三友实业社去买了一条毛巾手帕,带便在椅子上坐坐,歇歇力。

她隔着玻璃橱窗望出去,人真多,来来去去的不断。他们都不像觉得累,一两步就闪过了,走得快。愈看人家矫健,愈感觉到自己的孱弱了,她抹着汗,懒得立起来,她害怕走出门去,将怎样挤进这些人的狂流中去呢?

到这时,她才第一次奇怪起来:为什么,论年纪也还不过三十五岁,何以这样的不济呢?在昆山的时候,天天上大街,可并不觉得累,一到上海,走不了一条马路,立刻就像个老年人了。

这是为什么？她这样想着，同时就埋怨着自己，应该高兴逛马路玩，那是毫无意思的。

于是她勉强起身，挨出门。她想到先施公司对面那家点心店里去吃一碗面，当中饭。吃了面就雇黄包车到北火车站。

可是，你得明白，这是婵阿姨刚才挨出三友实业社的那扇玻璃门时候的主意。要是她真的累得走不动，她也真的会去吃了面上火车的。意料不到的却是，当她望永安公司那边走了几步路，忽然地让她觉得身上又恢复了一种好像是久已消失了的精力，让她混合在许多呈着喜悦的容颜的年轻人的狂流中，一样轻快地走……走。

什么东西让她得到这样重要的改变？这春日的太阳光，无疑的。它不仅改变了她的体质，简直还改变了她的思想。真的，一阵很骚动的对于自己的反抗心骤然在她胸中灼热起来。

为什么到上海来不玩一玩呢？做人一世，没钱的人没办法，眼巴巴地要挨着到上海来玩一趟，现在，有的是钱，虽然还要做两个月家用，可是就使花完了，大不了再去提出一百块来。

况且，算它住一夜的话，也用不了一二十块钱。人有的时候得看破些，天气这样好！

天气这样好，眼前一切都呈着明亮和活跃的气象。每一辆汽车刷过一道崭新的喷漆的光，每一扇玻璃橱上闪耀着各方面投射来的晶莹的光，远处摩天大厦底圆瓴形或方形的屋顶上辉煌着金碧的光，只有那先施公司对面的点心店，好像被阳光忘记了似的，呈现着一种抑郁的烟煤的颜色。

何必如此刻苦呢？舒舒服服地吃一顿饭。婵阿姨不想吃面了。但她想不出应当到什么地方去吃饭。她预备叫两个菜，两个上海菜，当然不要昆山吃惯了的东西，但价钱，至多两元，花两块钱吃一顿中饭，已经是很费的了，可是上海却说不来，也许两个菜得卖三块四块。这就是她不敢闯进任何一家没有经验的餐馆的理由。

她站在路角上，想，想。在西门的一个馆子里，她曾经吃过一顿饭，可是那太远了。其次，四马路，她记得也有一家；再有，不错，冠生园，就在大马路。她不记得有没有走过，但在她记忆中，似乎冠生园是最适宜的了，虽则稍微有点憎嫌那儿的饭太硬。她思索了一下，仿佛记得冠生园是已经走过了，她怪自己一路没有留心。

婵阿姨在冠生园楼上拣了个座位，垫子软软的，当然比坐在三友实业社舒服。侍者送上茶来，顺便递了张菜单给她。

这使她稍微有一点窘，因为她虽然认得字，可并不会点菜。她费了十分钟，给自己斟酌了两个菜，一共一块钱。她很满意，因为她知道在这样华丽的菜馆里，是很不容易节省的。

她饮着茶，一个人占据了四个人的座位。她想趁这空暇打算一下，吃过饭到什么地方去呢？今天要不要回昆山去？倘若不回去的话，那么，今晚住到什么地方去？惠中旅馆，像前年有一天因为银行封关而不得不住一夜那情形一样吗？再说，玩，怎样玩？她都委决不下。

一溜眼，看见旁座的圆桌子上坐着一男一女，和一个孩子。似乎是一个小家庭呢？但女的好像比男的年长得多。她也有三十四五岁了吧？婵阿姨刚才感觉到一种获得了同僚似的欢喜，但差不多是同时的，一种常常沉潜在她心里而不敢升腾起来的烦闷又冲破了她欢喜的面具。这是因为在她的餐桌上，除了她自己之外，更没有第二个人。丈夫？孩子？

十二三年前，婵阿姨的未婚夫忽然在吉期以前七十五天死了。他是一个拥有三千亩田的大地主的独子，他的死，也就是这许多地产失去了继承人。那时候，婵阿姨是个康健的小姐，她有着人家所称赞为"卓见"的美德，经过了二日二夜的考虑之后，她决定抱牌位做亲而获得了这大宗财产底合法的继承权。

她当时相信自己有这样大的牺牲精神，但现在，随着年岁的增长，她逐渐地愈加不相信她何以会有这样的勇气来了。

翁姑故世了，一大注产业都归她掌管了，但这有什么用处呢？

她忘记了当时牺牲一切幸福以获得这产业的时候，究竟有没有想到这份产业对于她将有多大的好处？族中人的虎视眈眈，去指望她死后好公分她的产业，她也不会有一个血统的继承人。算什么呢？她实在只是一宗巨产的暂时的经管人罢了。

虽则她有时很觉悟到这种情形，她却还不肯浪费她的财产，在她是以为既然牺牲了毕生的幸福以获得此产业，那么唯有刻意保持着这产业，才比较的是实惠的。否则，假如她自己花完了，她的牺牲岂不更是徒然的吗？这就是她始终吝啬着的缘故。

但是，对于那被牺牲了的幸福，在她现在的衡量中，却比从前的估价更高了。一年一年地阅历下来，所有的女伴都嫁了丈夫，有了儿女，成了家。即使有贫困的，但她们都另外有一种愉快足够抵偿经济生活的悲苦。而这种愉快，她是永远艳羡着，但永远没有尝味过，没有！

有时，当一种极罕有的勇气奔放起来，她会想：丢掉这些财富而去结婚罢。但她一揽起镜子来，看见了萎黄的一个容颜，或是想象出了族中人的诽笑和讽刺的投射，她也就沉郁下去了。

她感觉到寂寞，但她再没有更大的勇气，牺牲现有的一切，以冲破这寂寞的氛围。

她凝看着。旁边的座位上，一个年轻的漂亮的丈夫，一个兴高采烈的妻子，一个活泼的五六岁的孩子。他们商量吃什么菜肴。他们谈话。他们互相看着笑。他们好像是在自己家里。当然，他们并不怪婵阿姨这样沉醉地耽视着。

直等到侍者把菜肴端上来，才阻断了婵阿姨的视线。她看看对面，一个空的座位。玻璃的桌面上，陈列着一副碗箸，一副，不是三副。她觉得有点难堪。她怀疑那妻子是在看着她。她以为我是何等样人呢？她看得出我是个死了的未婚夫的妻子吗？不仅是她看着，那丈夫也注目着我啊。他看得出我并不比他妻子年纪大吗？还有，那孩子，他那双小眼睛也在看着我吗？他看出来，以为我像一个母亲吗？假如我来抚养他，他会不会有这样活泼呢？

她呆看着坚硬的饭粒，不敢再溜眼到旁边去了。她怕接触那三双眼睛，她怕接触了那三双眼睛之后，它们会立刻给她一个否决的回答。

她于是看见一只文雅的手握着一束报纸。她抬起头来，看见一个人站在她桌子边。他好像找不到座位，想在她对面那空位上坐。但他迟疑着。终于，他没有坐，走了过去。

她目送着他走到里间去，不知道心里该怎么想。如果他终于坐下在她对面，和她同桌子吃饭呢？那也没有什么不可以。在上海，这是普通的事。就使他坐下，向她微笑着点点头，似曾相识地攀谈起来，也未尝不是坦白的事。可是，假如他真的坐下来，假如他真的攀谈起来，会有怎样的结局啊，今天？

这里，她又沉思着，为什么他对她看了一眼之后，才果决地不坐下来了呢？他是不是本想坐下来，因为对于她有什么不满意而翻然变计了吗？但愿他是简单地因为她是一个女客，觉得不大方便，所以不坐下来的。但愿他是一个腼腆的人！

婵阿姨找一面镜子，但没有如愿。她从盆子里捡起一块蒸气洗过的手巾，揩着脸，却又后悔早晨没有擦粉。到上海来，擦一点粉是需要的。倘若今天不回昆山去，就得在到惠中旅馆之前，先去买一盒粉，横竖家里的粉也快完了。

在旅馆里梳洗之后，出来，到哪里去呢？也许，也许他——她稍微侧转身去，远远地看见那有一双文雅的手的中年男子已经独坐在一只圆玻璃桌边，他正在看报。他为什么独自个呢？也许他会高兴地说：

——小姐，他会得这样称呼吗？我奉陪你去看影戏，好不好？

可是，不知道今天有什么好看的戏，停会儿还得买一份报。他现在在看什么？影戏广告？我可以去借过来看一看吗？

假如他坐在这里，假如他坐在这里看……

——先生，借一张登载影戏广告的报纸，可以吗？

——哦，可以的，可以的，小姐预备去看影戏吗？……

——小姐贵姓？

◇ 春 阳

——哦，敝姓张，我是在上海银行做事的。……

这样，一切都会很好地进行了。在上海。这样好的天气。

没有遇到一个熟人。婵阿姨冥想有一位新交的男朋友陪着她在马路上走，手挽着手。和暖的太阳照在他们相并的肩上，让她觉得通身的轻快。

可是，为什么他在上海银行做事？婵阿姨再溜眼看他一下，不，他的确不是那个管理保管库的行员。那行员是还要年轻，面相还要和气，风度也比较的洒落得多。他不是那人。

一想起那年轻的行员，婵阿姨就特别清晰地看见了他站在保管库门边凝看她的神情。那是一道好像要说出话来的眼光，一个跃跃欲动的嘴唇，一副充满着热情的脸。他老是在门边看着，这使她有点烦乱，她曾经觉得不好意思摸摸索索地多费时间，所以匆匆地锁了抽屉就出来了。她记得上一次来开保管箱的时候，那个年老的行员并不这样仔细地看着她的。

当她走出那狭窄的库门的时候，她记得她曾回过头去看一眼。但这并不单为了不放心那保管箱，好像这里边还有点避免他那注意的凝视的作用。她的确觉得，当她在他身边挨过的时候，他的下颌曾经碰着了她的头发。非但如此，她还疑心她的肩膀也曾经碰着他的胸脯的。

但为什么当时没有勇气抬头看他一眼呢？

婵阿姨的自己约束不住的遐想，使她憧憬于那上海银行的保管库了。为什么不多勾留一会儿呢？为什么那样匆急地锁了抽屉呢？那样地手忙脚乱，不错，究竟有没有把钥匙锁上呀？她不禁伸手到里衣袋去一摸，那小小的钥匙在着。但她恍惚觉得这是开了抽屉就放进袋里去的，没有再用它来锁上过。没有，绝对没有锁上，不然，为什么她记忆中没有这动作啊？没有把保管箱锁上？真的？这是何等重要的事！

她立刻付了账。走出冠生园，在路角上，她招呼一辆黄包车：

——江西路，上海银行。

在管理保管库事情的行员办公的那柜台外，她招呼着：

——喂，我要开开保管箱。

那年轻的行员，他正在抽着纸烟和另一个行员说话，回转头来问：

——几号？

他立刻呈现了一种诧异的神气，这好像说：又是你，上午来开了一次，下午又要开了，多忙？可是这诧异的神气并不在他脸上停留得很长久，行长陈光甫常常告诫他的职员：对待主顾要客气，办事不怕麻烦。所以，当婵阿姨取出她的钥匙来，告诉了他三百零五号之后，他就检取了同号码的副钥匙，殷勤地伺候她到保管库里去。

三百零五号保管箱，她审察了一下，好好地锁着。她沉吟着，既然好好地锁着，似乎不必再开吧？

——怎么，要开吗？那行员拈弄着钥匙问。

——不用开了。我因为忘记了刚才有没有锁上，所以来看看。她觉得有点歉疚地回答。

于是他笑了。一个和气的、年轻的银行职员对她微笑着，并且对她看着。他是多么可亲啊！假如在冠生园的话，他一定会坐下在她对面的。但现在，在银行的保管库里，他会怎样呢？

她被他看着。她期待着。她有点窘，但是欢喜。他会怎样呢？他亲切地说：

——放心吧，即使不锁，也不要紧的，太太。

什么？太太？太太！他称她为太太！愤怒和被侮辱了的感情奔涌在她眼睛里，她要哭了。她装着苦笑。当然，他是不会发觉的，他也许以为她是羞赧。她一扭身，走了。

在库门外，她看见一个艳服的女人。

——啊，密司陈，开保管箱吗？钥匙拿了没有？

她听见他在背后问，更亲切地。

她正走在这女人身旁。她看了她一眼。密司陈，密司！

于是她走出了上海银行大门。一阵冷。眼前阴沉沉的，天色又变坏了。西北风。好像还要下雨。她迟疑了一下，终于披上了围巾：

——黄包车，北站！

在车上，她掏出时表来看。两点十分，还赶得上三点钟的快车。在藏起那时表的时候，她从衣袋里带出了冠生园的发票。她困难地，但是专心地核算着：菜，茶，白饭，堂彩，付两块钱，找出六角，还有几个铜圆呢？

桨声灯影里的秦淮河

朱自清

一九二三年八月的一晚,我和平伯同游秦淮河,平伯是初泛,我是重来了。我们雇了一只"七板子",在夕阳已去,皎月方来的时候,便下了船。于是桨声汩汩,我们开始领略那晃荡着蔷薇色的历史的秦淮河的滋味了。

秦淮河里的船,比北京万生园、颐和园的船好,比西湖的船好,比扬州瘦西湖的船也好。这几处的船不是觉着笨,就是觉着简陋、局促;都不能引起乘客们的情韵,如秦淮河的船一样。秦淮河的船约略可分为两种:一是大船;一是小船,就是所谓"七板子"。大船舱口阔大,可容二三十人。里面陈设着字画和光洁的红木家具,桌上一律嵌着冰冷的大理石面。窗格雕镂颇细,使人起柔腻之感。窗格里映着红色蓝色的玻璃;玻璃上有精致的花纹,也颇悦人目。

"七板子"规模虽不及大船,但那淡蓝色的栏杆,空敞的舱,也足系人情思。而最出色处却在它的舱前。舱前是甲板上的一部,上面有弧形的顶,两边用疏疏的栏杆支着。里面通常放着两张藤的躺椅。躺下,可以谈天,可以望远,可以顾盼两岸的河房。大船上也有这个，但在小船上更觉清隽罢了。舱前的顶下，一律悬着灯彩；灯的多少、明暗，彩苏的精粗、艳晦，是不一的，但好歹总还你一个灯彩。这灯彩实在是最能勾人的东西。夜幕垂垂地下来时，大小船上都点起灯火。从两重玻璃里映出那辐射着的黄黄的散光，反晕出一片朦胧的烟霭；透过这烟霭，在黯黯的水波里，又逗起缕缕的明漪。在这薄霭和微漪里，听着那悠然的间歇的桨声，谁能不被引入他的美梦去呢？只愁梦太多了，这些大小船儿如何载得起呀？

我们这时模模糊糊的谈着明末的秦淮河的艳迹，如《桃花扇》及《板桥杂记》里所载的。我们真神往了。我们仿佛亲见那时华灯映水，画舫凌波的光景了。于是我们的船便成了历史的重载了。我们终于恍然秦淮河的船所以雅丽过于他处，而又有奇异的吸引力的，实在是许多历史的影象使然了。

秦淮河的水是碧阴阴的；看起来厚而不腻，或者是六朝金粉所凝吗？我们初上船的时候，天色还未断黑，那漾漾的柔波是这样恬静、委婉，使我们一面有水阔天空之想，一面又憧憬着纸醉金迷之境了。等到灯火明时，阴阴的变为沉沉了：黯淡的水光，像梦一般；那偶然闪烁着的光芒，就是梦的眼睛了。我们坐在舱前，因了那隆起的顶棚，仿佛总是昂着首向前走着似的；于是飘飘然如御风而行的我们，看着那些自在的湾泊着的船，船里走马灯般的人物，便像是下界一般，迢迢的远了，又像在雾里看花，尽朦朦胧胧的。

这时我们已过了利涉桥，望见东关头了。沿路听见断续的歌声：有从沿河的妓楼飘来的，有从河上船里度来的。我们明知那些歌声，只是些因袭的言辞，从生涩的歌喉里机械地发出来的；但它们经了夏夜的微风的吹漾和水波的摇拂，袅娜着到我们耳边的时候，已经不单是她们的歌声，而混着微风和河水的密语了。于是我们不得不被牵惹着，震撼着，相与浮沉于这歌声里了。

从东关头转湾，不久就到大中桥。大中桥共有三个桥拱，都很阔大，俨然是三座门儿；使我们觉得我们的船和船里的我们，在桥下过去时，真是太无颜色了。桥砖是深褐色，表明它的历史的长久；但都完好无缺，令人叹息于古昔工程的坚美。桥上两旁都是木壁的房子，中间应该有街路？这些房子都破旧了，多年烟熏的迹，遮没了当年的美丽。我想象秦淮河的极盛时，在这样宏阔的桥上，特地盖了房子，必然是髹漆得富富丽丽的；晚间必然是灯火通明的，现在却只剩下一片黑沉沉！但是桥上造着房子，毕竟使我们多少可以想见往日的繁华；这也慰情聊胜无了。过了大中桥，便到了灯月交辉、笙歌彻夜的秦淮河，这才是秦淮河的真面目哩。

大中桥外，顿然空阔，和桥内两岸排着密密的人家的景象大异了。一眼望去，疏疏的林，淡淡的月，衬着蔚蓝的天，颇像荒江野渡光景；那边呢，郁丛丛的，阴森森的，又似乎藏着无边的黑暗：令人几乎不信那是繁华的秦淮河了。但是河中眩晕着的灯光，纵横着的画舫，悠扬着的笛韵，夹着那吱吱的胡琴声，终于使我们认识绿如茵陈酒的秦淮水了。此地天裸露着的多些，故觉夜来的独迟些；从清清的水影里，我们感到的只是薄薄的夜——这正是秦淮河的夜。

大中桥外，本来还有一座复成桥，是船夫口中的我们的游踪尽处，或也是秦淮河繁华的尽处了。我的脚曾踏过复成桥的脊，在十三四岁的时候。但是两次游秦淮河,却都不曾见着复成桥的面;明知总在前途的,却常觉得有些虚无缥缈似的。我想,不见倒也好。这时正是盛夏。我们下船后,借着新生的晚凉和河上的微风,暑气已渐渐消散;到了此地,豁然开朗,身子顿然轻了——习习的清风荏苒在面上、手上、衣上,这便又感到了一缕新凉了。南京的日光,大概没有杭州猛烈;西湖的夏夜老是热蓬蓬的,水像沸着一般,秦淮河的水却尽是这样冷冷地绿着。任你人影的憧憧,歌声的扰扰,总像隔着一层薄薄的绿纱面幂似的;它尽是这样静静的、冷冷的绿着。

我们出了大中桥,走不上半里路,船夫便将船划到一旁,停了桨由它宕着。他以为那里正是繁华的极点,再过去就是荒凉了;所以让我们多多赏鉴一会儿。他自己却静静地蹲着。他是看惯这光景的了,大约只是一个无可无不可。这无可无不可,无论是升的沉的,总之,都比我们高了。

那时河里热闹极了;船大半泊着,小半在水上穿梭似的来往。停泊着的都在近市的那一边,我们的船自然也夹在其中。因为这边略略的挤,便觉得那边十分的疏了。在每一只船从那边过去时,我们能画出它的轻轻的影和曲曲的波,在我们的心上;这显着是空,且显着是静了。那时处处都是歌声和凄厉的胡琴声,圆润的喉咙,确乎是很少的。但那生涩的、尖脆的调子能使人有少年的、粗率不拘的感觉。也正可快我们的意。况且多少隔开些儿听着。因为想象与渴慕的做美,总觉更有滋味;而竞发的喧嚣、抑扬的不齐、远近的杂沓和乐器的嘈嘈切切,合成另一意味的谐音,也使我们无所适从,如随着大风而走。这实在因为我们的心枯涩久了,变为脆弱;

故偶然润泽一下，便疯狂似的不能自主了。

但秦淮河确也腻人。即如船里的人面，无论是和我们一堆儿泊着的，无论是从我们眼前过去的，总是模模糊糊的，甚至渺渺茫茫的；任你张圆了眼睛，揩净了眦垢，也是枉然。这真够人想呢。在我们停泊的地方，灯光原是纷然的；不过这些灯光都是黄而有晕的。黄已经不能明了，再加上了晕，便更不成了。灯愈多，晕就愈甚；在繁星般的黄的交错里，秦淮河仿佛笼上了一团光雾。光芒与雾气腾腾的晕着，什么都只剩了轮廓了；所以人面的详细的曲线，便消失于我们的眼底了。

但灯光究竟夺不了那边的月色；灯光是浑的，月色是清的。在混沌的灯光里，渗入一派清辉，却真是奇迹！那晚月儿已瘦削了两三分，她晚妆才罢，盈盈地上了柳梢头。天是蓝得可爱，仿佛一汪水似的；月儿便更出落得精神了。岸上原有三株两株的垂杨柳，淡淡的影子，在水里摇曳着。它们那柔细的枝条浴着月光，就像一支支美人的臂膊，交互的缠着，挽着；又像是月儿披着的发。而月儿偶尔也从它们的交叉处偷偷窥看我们，大有小姑娘怕羞的样子。岸上另有几株不知名的老树，光光的立着；在月光里照起来，却又俨然是精神矍铄的老人。远处——快到天际线了，才有一两片白云，亮得现出异彩，像是美丽的贝壳一般。白云下便是黑黑的一带轮廓；是一条随意画的不规则的曲线。这一段光景，和河中的风味大异了。但灯与月竟能并存着、交融着，使月成了缠绵的月，灯射着渺渺的灵辉，这正是天之所以厚秦淮河，也正是天之所以厚我们了。

这时却遇着了难解的纠纷。秦淮河上原有一种歌妓，是以歌为业的。从前都在茶舫上，唱些大曲之类。每日午后一时起；什么时候止，却忘记了。晚上照样也有一回，也在黄晕的灯光里。我从前过南京时，曾随着朋友去听过两次。因为茶舫里的人脸太多了，觉得不大适意，终于听不出所以然。前年听说歌妓被取缔了，不知怎的，颇设想了几次——却想不出什么。这次到南京，先到茶舫上去看看。觉得颇是寂寥，令我无端地怅怅了。不料她们却仍在秦淮河里挣扎着，不料她们竟会纠缠到我们，我于是很张皇了。

她们也乘着"七板子"，她们总是坐在舱前的。舱前点着石油汽灯，光亮眩人眼目：坐在下面的，自然是纤毫毕见了——引诱客人们的力量，也便在此了。舱里躲着乐工等人，映着汽灯的余辉蠕动着；他们是永远不被注意的。每船的歌妓大约都是二人；天色一黑，她们的船就在大中桥外往来不息的兜生意。无论行着的船，泊着的船，都要来兜揽的。这都是我后来推想出来的。那晚不知怎样，忽然轮着我们的船了。我们的船好好地停着，一只歌舫划向我们来了；渐渐和我们的船并着了。烁烁的灯光逼得我们皱起了眉头；我们的风尘色全给它托出来了，这使我踧踖不安了。

那时一个伙计跨过船来，拿着摊开的歌折，就近塞向我的手里，说："点几出吧！"他跨过来的时候，我们船上似乎有许多眼光跟着。同时相近的别的船上也似乎有许多眼睛炯炯地向我们船上看着。我真窘了！我也装出大方的样子，向歌妓们瞥了一眼，但究竟是不成的！我勉强将那歌折翻了一翻，却不曾看清了几字；便赶紧递还那伙计，一面不好意思地说："不要，我们……不要。"他便塞给平伯，平伯掉转头去，摇手说："不要！"那人还腻着不走。平伯又回过脸来，摇着头道："不要！"于是那人重到我处，我窘着再拒绝了他。他这才有所不屑似的走了。我的心立刻放下，如释了重负一般。我们就开始自白了。

我说我受了道德律的压迫，拒绝了她们；心里似乎很抱歉的。这所谓抱歉，一面对于她们，一面对于我自己。她们于我们虽然没有很奢的希望；但总有些希望。我们拒绝了她们，无论理由如何充足，却使她们的希望受了伤；这总有几分不作美了。这使我觉得很怅怅的。至于我自己，更有一种不足之感。我这时被四面的歌声诱惑了，降伏了；但是远远的，远远的歌声总仿佛隔着重衣搔痒似的，越搔越搔不着痒处。我于是憧憬着贴耳的妙音了。在歌舫划来时，我的憧憬变为盼望；我固执地盼望着，有如饥渴。虽然从浅薄的经验里也能够推知，那贴耳的歌声，将剥去了一切的美妙；但一个平常的人像我的，谁愿凭了理性之力去丑化未来呢？

我宁愿自己骗着了。不过我的社会感性是很敏锐的；我的思力能拆穿道德律的西洋镜，而我的感情却终于被它压服着。我于是有所顾忌了，尤其是在众目昭彰的时候。道德律的力，本来是民众赋予的；在民众的面前，自然更显出它的威严了。我这时一面盼望，一面却感到了两重的禁制：一、在通俗的意义上，接近妓者总算一种不正当的行为；二、妓是一种不健全的职业，我们对于她们，应有哀矜勿喜之心，不应赏玩地去听她们的歌。在众目睽睽之下，这两种思想在我心里最为旺盛。她们暂时压倒了我的听歌的盼望，这便成就了我的灰色的拒绝。那时的心实在异常状态中，觉得颇是昏乱。

歌舫去了，暂时宁静之后，我的思绪又如潮涌了。两个相反的意思在我心头往复：卖歌和卖淫不同，听歌和狎妓不同，又干道德甚事？——但是，但是，她们既被逼得以歌为业，她们的歌必无艺术味的；况她们的身世，我们究竟该同情的。所以拒绝倒也是正办。但这此意思终于不曾撇开我的听歌的盼望。它力量异常坚强；它总想将别的思绪踏在脚下。从这重重的争斗里，我感到了浓厚的不足之感。这不足之感使我的心盘旋不安，起坐都不安宁了。唉！我承认我是一个自私的人！

平伯呢，却与我不同。他引周启明先生的诗，"因为我有妻子，所以我爱一切的女人；因为我有子女，所以我爱一切的孩子"。他的意思可以见了。他因为推及的同情，爱着那些歌妓，并且尊重着她们，所以拒绝了她们。在这种情形下，他自然以为听是对于她们的一种侮辱。但他也是想听歌的，虽然不和我一样。所以在他的心中，当然也有一番小小的争斗；争斗的结果，是同情胜了。至于道德律，在他是没有什么的；因为他很有蔑视一切的倾向，民众的力量在他是不大觉着的。这时他的心意的活动比较简单，又比较松弱，故事后还怡然自若；我却不能了。这里平伯又比我高了。

在我们谈话中间，又来了两只歌舫。伙计照前一样的请我们点戏，我们照前一样的拒绝了。我受了三次窘，心里的不安更甚了。清艳的夜景也为之减色。船夫大约因为要赶第二趟生意，催着我们回去；我们无可无不可地答应了。我们渐渐和那些晕黄的灯光远了，只有些月色冷清清地随着我们的归舟。我们的船竟没个伴儿，秦淮河的夜正长哩！

到大中桥近处，才遇着一只来船。这是一只载妓的板船，黑漆漆的没有一点光。船头上坐着一个妓女；暗里看出，白地小花的衫子，黑的下衣。她手里拉着胡琴，口里唱着青衫的调子。她唱得响亮而圆转；当她的船箭一般驶过去时，余音还袅袅地在我们耳际，使我们倾听而向往。想不到在弩末的游踪里，还能领略到这样的清歌！这时船过大中桥了，森森的水影，如黑暗张着巨口，要将我们的船吞了下去。我们回顾那渺渺的黄光，不胜依恋之情；我们感到了寂寞了！

这一段地方夜色甚浓，又有两头的灯火招邀着；桥外的灯火不用说了，过了桥另有东关头疏疏的灯火。我们忽然仰头看见依人的素月，不觉深悔归来之早了！走过东关头，有一两只大船湾泊着，又有几只船向我们来着。嚣嚣的一阵歌声人语，仿佛笑我们无伴的孤舟哩。东关头转湾，河上的夜色更浓了；临水的妓楼上，时时从帘缝里射出一线一线的灯光；仿佛黑暗从酣睡里眨了一眨眼。我们默然地对着，静听那汩——汩的桨声，几乎要入睡了；朦胧里却温寻着适才的繁华的余味。我那不安的心在静里愈显活跃了！这时我们都有了不足之感，而我的更其浓厚。我们却又不愿回去，于是只能由懊悔而怅惘了。船里便满载着怅惘了。

直到利涉桥下，微微嘈杂的人声，才使我豁然一惊；那光景却又不同。右岸的河房里，都大开了窗户，里面亮着晃晃的电灯，电灯的光射到水上，蜿蜒曲折，闪闪不息，正如跳舞着的仙女的臂膊。我们的船已在她的臂膊里了；如睡在摇篮里一样，倦了的我们便又入梦了。那电灯下的人物，只觉得像蚂蚁一般，更不去萦念。这是最后的梦，可惜是最短的梦！黑暗重复落在我们面前，我们看见傍岸的空船上一星两星的，枯燥无力又摇摇不定的灯光。我们的梦醒了，我们知道就要上岸了；我们心里充满了幻灭的情思。

烟火人间

略谈杭州北京的饮食

俞平伯

不懂烧菜,我只会吃,供稿于《中国烹饪》很可笑。亦稍有可说的,在我旧作诗词中有关于饮食,杭州西湖与北京的往事两条。

一　词中所记

于庚申、甲子间(1920—1924),我随舅家住杭垣,最后搬到外西湖俞楼。东西一小酒馆曰楼外楼,其得名固由于"山外青山楼外楼"的诗句,但亦与俞楼有关。俞楼早建,当时亦颇有名,酒楼后起,旧有曲园公所书匾额,现在不见了。既是邻居,住在俞楼的人往往到楼外楼去叫菜。我们很省俭,只偶尔买些蛋炒饭来吃。从前曾祖住俞楼时,我当然没赶上。光绪壬辰赴杭,有单行本《曲园日记》,于"三月"云:

初八日,吴清卿河帅、彭岱霖观察同来,留之小饮,买楼外楼醋溜鱼佐酒。

更早在清乾隆时,吴锡麒《有正味斋日记》说他家制醋缕鱼甚美,可见那时已有了。"缕""溜"音近,自是一物。"醋缕"者,盖饰以彩丝所谓"俏头",与今之五柳鱼相似,"柳"即"缕"也。后来简化不用彩丝,名醋溜鱼。此颇似望文生义,或"溜"即"缕""柳"之音讹。二者孰是,未能定也。

于二十年代,有《古槐书屋词》,许宝录写刻本。《望江南》三章,其第三记食品。今之影印本,乃其姊宝驯摹写,有一字之异,今录新本卷一之文:

> 西湖忆,三忆酒边鸥。楼上酒招堤上柳,柳丝风约水明楼,风紧柳花稠。鱼羹美,佳话昔年留。泼醋烹鲜全带冰("冰",鱼生,读去声),乳莼新翠不须油。芳指动纤柔。(《双调望江南》之第三)

此词上片写环境。旧日楼外楼,两间门面,单层,楼上悬店名旗帜,所云"楼上酒招堤上柳",有青帘沽酒意。今已改建大厦,辉煌一新矣。

下片首两句言宋嫂鱼羹,宋五嫂原在汴京,南渡至临安(今杭州),曾蒙宋高宗宣唤,事见宋人笔记。其鱼羹遗制不传,与今之醋鱼有关系否已不得而知,但西湖鱼羹之美,口碑流传已千载矣。

第三句分两点。"泼醋烹鲜"是做法。"烹鱼"语见《诗经》。醋鱼要嫩,其实不烹亦不溜,是要活鱼,用大锅沸水烫熟,再浇上卤汁的。鱼是真活,不出于厨下。楼外楼在湖堤边置一竹笼养鱼，临时采用，我曾见过。"全带冰（柄）"是款式，醋鱼的一部分。客人点了这菜，跑堂的就喊道，全醋鱼带柄（？）"，或"醋鱼带栖"。"柄"有音无字，呼者恐亦不知，姑依其声书之。原是瞎猜，非有所据。等拿上菜来，大鱼之外，另有一小碟鱼生，即所谓"柄"。虽是附属品，盖有来历。词稿初刊本用此字谐声，如误认为有"把柄"之意就不甚妥。后在书上看到"冰"有生鱼义，读仄声，比"柄"切合，就在摹本中改了。可惜读时未抄下书名，现已忘记了。

尝疑"带冰"是"设脍"遗风之仅存者，"脍"字亦作"鲙"，生鱼也。其渊源甚古，在中国烹饪有千余年的历史。《论语》"脍不厌细"即是此品，可见孔夫子也是吃的。晋时张翰想吃故乡的莼鲈，亦是鲈鲙。杜甫《姜七少府设鲙》诗中有"饔人受鱼鲛人手，洗鱼磨刀鱼眼红。无声细下飞碎雪，有骨已剁觜春葱"等句，说鱼要活，刀要快，手法要好，将鱼刺剁碎，洒上葱花，描写得很详细。宋人说鱼片其薄如纸，被风吹去，这已是小说的笔法了。设鲙之风，远溯春秋时代，不知何年衰歇。小碟鱼冰，殆犹存古意。日本重生鱼，或亦与中国的鲙有关。

莼鲈齐名，词中"乳莼新翠不须油"句说到莼菜，在江南是极普通的。苏州所吃是太湖莼。杭州所吃大都出绍兴湘湖，西湖亦有之而量较少。莼羹自古有名。"乳莼"言其滑腻，"新翠"言其秀色，"不须油"者是清汤，连上"烹鲜"（醋鱼）亦不须油。此二者固皆可餐也。《曲园日记》（俞平伯曾祖，晚清大儒、学者俞樾的日记。编者注）三月二十二日云：

吾残牙零落，仅存者八，而上下不相当，莼丝柔滑，入口不能捉摸……因口占一诗云："尚堪大嚼猫头笋，无可如何雉尾莼。"

公时年七十二，自是老境，其实即年轻牙齿好，亦不易咬着它，其妙处正在于此。滑溜溜，囫囵吞，诚蔬菜中之奇品，其得味，全靠好汤和浇头（鸡、火腿、笋丝之类）衬托。若用纯素，就太清淡了。

以前有一种罐头，内分两格，须两头开启，一头是莼菜，一头是浇头，合之为莼菜汤，颇好。以上说得很嗦。却还有些题外闲话。"莼鲈"只是诗中传统的说法，西湖酒家的食单岂限于此。鱼虾，江南的美味。醋鱼以外更有醉虾，亦叫炝虾，以活虾酒醉，加酱油等作料拌之。鲜虾的来源，或亦竹笼中物。及送上醉虾来，一碟之上更覆一碟，且要待一忽儿吃，不然，虾就要迸起来了，开盖时亦不免。

还有家庭仿制品，我未到杭州，即已尝过杭州味。我曾祖来往苏、杭多年，回家亦命家人学制醋鱼、响铃儿。醋鱼之外如响铃儿，其制法以豆腐皮卷肉馅，露出两头，长约一寸，略带圆形如铃，用油炸脆了，吃起来哗哗作响，故名"响铃儿"。"儿"字重读，杭音也。《梦粱录》曰："中瓦子前谓之五花儿中心"，三字杭音宛然相似，盖千年无改也。

后来在杭尝到真品，方知其差别。即如"响铃儿"，家仿者黑小而紧，市售者肥白而松，盖其油多而火旺，家庖无此条件。唐临晋帖，自不如真，但家常菜亦别有风味，稍带些焦，不那么腻，小时候喜欢吃，故至今犹未忘耳。

二　诗中所记

一九五二壬辰《未名之谣》歌行中关于饮食的，杭州以外又说到北京，分列如下，先说杭州。

湖滨酒座擅烹鱼，宁似钱塘五嫂无？盛暑凌晨羊汤饭，职家风味思行都。

这里提到烹鱼、羊汤饭。吴自牧《梦梁录》曰："杭城市肆各家有名者，如……钱塘门外宋五嫂鱼羹……中瓦前职家羊饭。"（卷十三"铺席"）

钱塘是临西湖三城门之一，非泛称杭州。瓦子是游玩场所，中瓦即中瓦子。

"羊汤饭"，须稍说明。这个题目原拟写入《燕知草》，后因材料不够就搁下了。二十年代初，我在杭州听舅父说有羊汤饭，每天开得极早，到八点以后就休息了。因有点好奇心，说要去尝尝，后来舅父果然带我们去了，在羊坝头，店名失忆。记得是个夏天，起个大清早，到了那边一看，果然顾客如云，高朋满座。平常早点总在家吃，清晨上酒馆见此盛况深以为异，食品总是出在羊身上的，白煮为多，甚清洁。后未再往。看到《梦梁录》《武林旧事》，皆有"羊饭"了之名，"羊汤饭"盖其遗风。所云"职家"等等疑皆是回民。诗云"行都"，南渡之初以临安为行在，犹存恢复中原意。

北来以后，京中羊肉馆好而且多，远胜浙杭。但所谓"爆、烤、涮"却与羊汤饭风味迥异，羊汤饭盖维吾尔族传统吃羊肉之法，迄今西北犹然，由来已久。若今北京之东来顺、烤肉宛的吃法或另有渊源，为满、蒙之遗风欤。说到北京，其诗下文另节云：

杨柳旗亭堪击马，却典春衣无顾藉。南烹江腐又潘鱼，川闽肴蒸兼貊炙。

首二句比拟之词不必写实。如京中酒家无旗亭击马之事。次句用杜诗"朝回日日典春衣"，我不曾做官，何"典春衣"之有？且家中人亦必不许。"无顾藉"，不管不顾，不在乎之意，言其放浪耳。

但这两句亦有些实事作影，非全是瞎说。在上学时，我有一张清人钱杜（叔美）的山水画，簇新全绫裱的。钱氏画笔秀美，舅父凤喜之，但这张是赝品，他就给了我，我悬在京寓外室，不知怎的就三文不当两文地卖给打鼓儿的了。固未必用来吃小馆，反正是瞎花掉了，其谬如此，故云"无顾藉"也。如要在诗中实叙，自不可能。至于"杨柳旗亭堪击马"，虽无"击马"事，而"杨柳旗亭"，略可附会。

北京酒肆中有杨柳楼台的是会贤堂。其地在什刹前海的北岸。什刹海垂杨最盛，更有荷花。会贤堂乃山东馆子，是个大饭庄，房舍甚多，可办喜庆宴会，平时约友酒叙，菜亦至佳。夏日有冰碗、水晶肘子、高力莲花、荷叶粥，皆祛暑妙品。冬日有京师著名的山楂蜜糕。我只是随众陪座，未曾单去。大饭庄是不宜独酌的。卢沟桥事变后，就没有再到了，亦不知其何时歇业。在作歌时，此句原是泛说，非有所指。现在想来，如指实说，却很切合，谁也看不出有什么差错来。可见说诗之容易穿凿附会也。

我虽久住北京，能说的饮馔却亦不多，如下文纪实的。"南烹江腐又潘鱼"，谓广和居。原在宣外北半截胡同，晚清士夫殇咏之地。我到京未久，曾随尊长前往，印象已很模糊。其后一迁至西长安街，二迁至西四丁字街，其地即今之同和居也。

"南烹"谓南方的烹调，以指山东馆似不恰当，但山东亦在燕京之南，而下文所举名菜也是南人教的。"江豆腐"传自江韵涛太守，用碎豆腐，八宝制法。潘鱼，传自潘耀如编修，福建人（俗云潘伯寅所传，盖非），以香菇、虾米、笋乾做汤川鱼，其味清美。又有吴鱼片汤传自吴慎生中书，亦佳。以人得名的肴馔他肆亦有之，只此店有近百年的历史，故记之耳。我只去过一次，未能多领略。

北京乃历代的都城，故多四方的市肆。除普通食品外，各有其拿手菜，不相混淆，我初进京时犹然。最盛的是山东馆，就东城说，晚清之福全馆，民初之东兴楼皆是。若北京本地风味，恐只有和顺居白肉馆。烧烤，满蒙之遗俗。"川闽肴蒸兼貊炙。"说起川馆，早年宣外骡马市大街瑞记有名，我只于一九二五年随父母去过一次。四川菜重麻辣，而我那时所尝，却并不觉得太辣。这或由于点菜"免辣"之故，或有时地、流派的不同。四川菜大约不止一种。如今之四川饭店，风味就和我忆中的瑞记不同。又四十年代北大未迁时，景山东街开一四川小铺，店名不记得。它的回锅肉、麻婆豆腐,的确不差,可是真辣。

闽庖善治海鲜,口味淡美,名菜颇多。我因有福建亲戚,婶母亦闽人,故知之较稔。其市肆京中颇多。忆二十年代东四北大街有一闽式小馆甚精,字号失记。那时北洋政府的海军部近十二条胡同,官吏多闽人,遂设此店,予颇喜之。店铺以外还有单干的闽厨(他省有之否,未详),专应外会筵席,如我家请教过的有王厨(雨亭)、林厨。其厨之称,来源已久,如宋人记载中即有"某厨开沽"之文,不止一姓。以厨丁为单位,较之招牌更为可靠。如只看招牌,贸贸然而往,换了"大师父",则昨日今朝,风味天渊矣。"吃小馆"是句口头语,却没有说吃大馆的,也是同样的道理。

貊炙有两解,狭义的可释为"北方外族的烤肉",广义借指西餐。上海人叫大菜,从英文译来的,亦有真赝之别,仿制的比原式似更对吾人的胃口。上海一般的大菜中国化了,却以"英法大菜"号召,亦当时崇洋风气。北京西餐馆,散在九城,比较有地道洋味的,多在崇文门路东一带(路西广场,庚子遗迹),地近使馆区。

西餐取材比中菜简单些。以牛肉为主,羊次之,猪为下。"猪肉和豆"是平民的食品。我时常戏说,你如不会吃带血的牛排,那西洋就没有好菜了。话虽稍过,亦近乎实。西餐自有其优点,如"桌义"、肴馔的次序装饰等,却亦有不大好吃的,自然是个人的口味。如我在国内每喜喝西菜里的汤,但到了英国船上却大失所望。名曰"清汤",真是"臣心如水的汤",一点味也没得,倒有些药气味。西洋例不用味精,宜其如此。英国烹调本不大高明，大陆诸国盖皆胜之。由法、意而德、俄，口味渐近东方，我们今日还喜啜俄国红菜汤也。又北京的烤肉，还承毡幕遗风，直译"貊炙"，最为切合。但我当时想到的却是西餐里的牛排。《红楼梦》中的吃鹿肉，与今日烤肉吃法相同，只用鹿比用牛羊更贵族化耳。

我从前在京喜吃小馆，后来兴致渐差，一九七五年患病后，不能独自出门就更衰了。一九五零年前《蝶恋花》词有"驼陌尘踪如梦寐""麦酒盈尊容易醉"等句，题曰"东华醉归"，指东华门大街的"华宫"，供应俄式西餐，日本式鸡素烧。近在西四新张的西餐厅遇见一服务员，云是华宫旧人，他还认识我，并记得吾父，知其所嗜。其事至今三十余年，若我初来京住东华门时，数将倍焉。

韶光水逝，旧侣星稀，于一饮一啄之微，亦多怅触，拉杂书之，辄有经过黄公酒垆之感，又不止"襟上杭州旧酒痕"已也。

市声拾趣

张恨水

我也走过不少的南北码头,所听到的小贩吆喝声,没有任何一地能赛过北平的。北平小贩的吆喝声,复杂而谐和,无论其是昼是夜,是寒是暑,都能给予听者一种深刻的印象。虽然这里面有部分是极简单的,如"羊头肉""肥卤鸡"之类。可是他们能在声调上,助字句之不足。至于字句多的,那一份优美,就举不胜举,有的简直是一首歌谣。例如,夏天卖冰酪的,他在胡同的绿槐荫下,歇着红木漆的担子,手扶了扁担,吆喝着道:"冰激凌,雪花酪,桂花糖,搁得多,又甜又凉又解渴。"这就让人听着感到趣味了。又像秋冬卖大花生的,他喊着:"落花生,香来个脆啦,芝麻酱的味儿啦。"这就含有一种幽默感了。

也许是我们有点主观,我们在北平住久了的人,总觉得北平小贩的吆喝声,很能和环境适合,情调非常之美。如现在是冬天,我们就说冬季了,当早上的时候,黄黄的太阳,穿过院树落叶的枯条,晒在人家的粉墙上,胡同的犄角儿上,兀自堆着大大小小的残雪。这里很少行人,两三个小学生背着书包上学,于是有辆平头车子，推着一个木火桶，上面烤了大大小小二三十个白薯，歇在胡同中间。小贩穿了件老羊毛背心儿，腰上来了条板带，两手插在背心里，喷着两条如云的白气，站在车把里叫道："噢……热啦……烤白薯啦……又甜又粉，栗子味。"当你早上在大门外一站，感到又冷又饿的时候，你就会因这种引诱，要买他几大枚白薯吃。

在北平住家稍久的人，都有这么一种感觉，卖硬面饽饽的人极为可怜，因为他总是在深夜里出来的。当那万籁俱寂、漫天风雪的时候，屋子外的寒气，像尖刀那般割人。这位小贩，却在胡同遥远的深处，发出那漫长的声音："硬面……饽饽哟……"我们在暖温的屋子里，听了这声音，觉得既凄凉，又惨厉，像深夜钟声那样动人，你不能不对穷苦者给予一个充分的同情。

其实，市声的大部分，都是给人一种喜悦的，不然，它也就不能吸引人了。例如，炎夏日子卖甜瓜的，他这样一串地吆喝着："哦！吃啦甜来一个脆，又香又凉冰激凌的味儿。吃啦，嫩藕似的苹果青脆甜瓜啦！"在碧槐高处一蝉吟的当儿，这吆喝是够刺激人的。因此，市声刺激，北平人是有着趣味的存在，小孩子就喜欢学，甚至借此凑出许多趣话。例如，卖馄饨的，他吆喝着第一句是"馄饨开锅"。声音洪亮，极像大花脸喝倒板，于是他们就用纯土音编了一篇戏词来唱："馄饨开锅……自己称面自己和，自己剁馅自己包，虾米香菜又白饶。吆喝了半天，一个子儿没卖着，没留神舀去了我两把勺。"因此，也可以想到北平人对于小贩吆喝声的趣味之浓了。

北平的零食小贩

梁实秋

北平人馋。馋,据字典说是"贪食也",其实不只是贪食,是贪食各种美味之食。美味当前,固然馋涎欲滴,即使闲来无事,馋虫亦在咽喉中抓挠,迫切地需要一点什么以膏馋吻。三餐时固然希望膏粱罗列,任我下箸,三餐以外的时间也一样地想馋嚼,以锻炼其咀嚼筋。看鹭鸶的长颈都有一点羡慕,因为颈长可能享受更多的徐徐下咽之感,此之谓馋。"馋"字在外国语中无适当的字可以代替,所以讲到馋,真"不足为外人道"。

有人说北平人之所以特别馋,是由于当年的八旗子弟游手好闲的太多,闲就要生事,在吃上打主意自然也是可以理解的。所以各式各样的零食小贩便应运而生,自晨至夜逡巡于大街小巷之中。

北平小贩的吆喝声是很特殊的。我不知道这与平剧有无关系,其抑扬顿挫,变化颇多,有的豪放如唱大花脸,有的沉闷如黑头,又有的清脆如生旦,在白昼给浩浩欲沸的市声平添不少情趣,在夜晚又给寂静的夜带来一些凄凉。细听小贩的呼声,则有直譬，有隐喻，有时竟像谜语一般地耐人寻味，而且他们的吆喝声，数十年如一日，不曾有过改变。我如今闭目沉思，北平零食小贩的呼声俨然在耳，一个个地如在目前。现在让我就记忆所及，细细数说。

首先让我提起"豆汁儿"。绿豆渣发酵后煮成稀汤，是为豆汁儿，淡草绿色而又微黄，味酸而又带一点霉味，稠稠的，混混的，热热的。佐以辣咸菜，即"棺材板"切细丝，加芹菜梗、辣椒丝或末。有时亦备较高级之酱菜，如酱萝卜、酱黄瓜之类，但反不如辣咸菜之可口。午后啜三两碗，愈吃愈辣，愈辣愈喝，愈喝愈热，终至大汗淋漓，舌尖麻木而止。北平城里人没有不嗜豆汁儿者，但一出城则豆渣只有喂猪的份，乡下人没有喝豆汁儿的。外省人居住北平三二十年往往不能养成喝豆汁儿的习惯。能喝豆汁儿的人才算是真正的北平人。

其次是"灌肠"。后门桥头那一家的大灌肠，是真的猪肠做的，遐迩驰名，但嫌油腻。小贩的灌肠虽有肠之名，实则并非肠，仅具肠形，一条条的以芡粉为主所做成的橛子，切成不规则形的小片，放在平底大油锅上煎炸，炸得焦焦的，蘸蒜盐汁吃。据说那油不是普通油，是从作坊里从马肉等熬出来的油，所以有着一种怪味。单闻那种油味，能把人恶心死，但炸出来的灌肠，喷香！

从下午起有沿街叫卖"面筋哟"者，你喊他时须喊"卖熏鱼儿的！"他来到你的门口打开他的背盒由你拣选时，却主要的是猪头肉。除猪头肉的脸子、双皮、口条之外还有脑子、肝、肠、苦肠、心头、蹄筋，等等，外带着别有风味的干硬的火烧。刀口上手艺非凡，从夹板缝里抽出一把飞薄的刀，横着削切，把猪头肉切得其薄如纸，塞在那火烧里食之，熏味扑鼻！这种卤味好像不能登大雅之堂，但是在煨煮熏制中有特殊的风味，离开北平便尝不到。

薄暮后有叫卖羊头肉者，这是回教徒的生意，刀板器皿刷洗得一尘不染，切羊脸子是他的拿手，切得真薄，从一只牛角里撒出一些特制的胡盐。北平的羊好，有浓厚的羊味，可又没有浓厚到膻的地步。

也有推着车子卖"烧羊脖子烧羊肉"的。烧羊肉是经过煮和炸两道手续的，除肉之外还有肚子和卤汤。在夏天佐以黄瓜、大蒜，是最好的下面之物。推车卖的不及街上羊肉铺所发售的，但慰情聊胜于无。

北平的"豆腐脑"，异于川湘的豆花，是哆里哆嗦的软嫩豆腐，上面浇一勺卤，再加蒜泥。

"老豆腐"另是一种东西，是把豆腐煮出了蜂窠，加芝麻酱、韭菜末、辣椒等佐料，热乎乎的连吃带喝亦颇有味。

北平人做"烫面饺"不算一回事，真是举重若轻、叱咤立办。你喊三十饺子，不大的工夫就给你端上来了，一个个包得细长齐整、又俊又俏。

斜尖的炸豆腐，在花椒盐水里煮得饱饱的，有时再羼进几个粉丝做的炸丸子，放进一点辣椒酱，也算是一味很普通的零食。

馄饨何处无之？北平挑担卖馄饨的却有他的特点。馄饨本身没有什么异样，由筷子头拨一点肉馅，往三角皮子上一抹就是一个馄饨。特殊的是那一锅肉骨头熬的汤别有滋味，谁家里也不会把那么多的烂骨头煮那么久。

一清早卖点心的很多,最普通的是烧饼、油鬼。北平的烧饼主要的有四种:芝麻酱烧饼、螺丝转儿、马蹄儿、驴蹄儿,各有千秋。芝麻酱烧饼,外省仿造者都不像样,不是太薄就是太厚,不是太大就是太小,总是不够标准。螺丝转儿最好是和"甜浆粥"一起用,要夹小圆圈油鬼。马蹄儿只有薄薄的两层皮,宜加圆泡的甜油鬼。驴蹄儿又小又厚,不要油鬼做伴。

北平油鬼,不叫油条,因为根本不做长条状,主要的只有两种,四个圆泡连在一起的是甜油鬼,小圆圈的油鬼是咸的,炸得特焦,夹在烧饼里,一按咔嚓一声。离开北平的人没有不想念那种油鬼的。外省的油条,虚泡囊肿,不够味,要求炸焦一点也不行。

"面茶"在别处没见过。真正的一锅糨糊,炒面熬的,盛在碗里之后,在上面用筷子蘸着芝麻酱撒满一层,唯恐撒得太多似的。味道好吗?至少是很怪。

卖"三角馒头"的永远是山东老乡。打开蒸笼布,热腾腾的各样蒸食,如糖三角、混糖馒头、豆沙包、蒸饼、红枣蒸饼、高庄馒头,听你拣选。

"杏仁茶"是北平的好,因为杏仁出在北方,提味的是那少数几颗苦杏仁。

豆类做出的吃食可多了,首先要提"豌豆糕"。小孩子一听打糖锣的声音很少不怦然心动的。卖豌豆糕的人有一把手艺,他会把一块豌豆泥捏成各式各样的东西,他可以听你的吩咐捏一把茶壶,壶盖、壶把、壶嘴俱全,中间灌上黑糖水,还可以一杯一杯地往外倒。规模大一点的是荷花盆，真有花有叶，盆里灌黑糖水。最简单的是用模型翻制小饼，用芝麻做馅。后来还有"仿膳"的伙计出来做这一行生意，善用豌豆泥制各式各样的点心，大八件、小八件，什么卷酥喇嘛糕、枣泥饼花糕，五颜六色，应有尽有，惟妙惟肖。

"豌豆黄"之下街卖者是粗的一种，制时未去皮，加红枣，切成三尖形矗立在案板上。实际上比铺子卖的较细的放在纸盒里的那种要有味得多。

"热芸豆"有红白二种，普通的吃法是用一块布挤成一个豆饼，可甜可咸。

"烂蚕豆"是俟蚕豆发芽后加五香、大料煮成的，烂到一挤即出。

"铁蚕豆"是把蚕豆炒熟，其干硬似铁。牙齿不牢者不敢轻试，但亦有酥皮者，较易嚼。

夏季雨后，照例有小孩提着竹篮，赤足蹚水而高呼"干香豌豆"，咸滋滋的也很好吃。

"豆腐丝"，粗糙如豆腐渣，但有人拌葱卷饼而食之。

"豆渣糕"是芸豆泥做的，作圆球形，蒸食，售者以竹筷插之，一插即是两颗，加糖及黑糖水食之。

"甑儿糕"是米面填木碗中蒸之，呲呲作响，顷刻而熟。

"浆米藕"是老藕孔中填糯米，煮熟切片加糖而食之。挑子周围经常环绕着馋涎欲滴的小孩子。

北平的"酪"是一项特产，用牛奶凝冻而成，夏日用冰镇，凉香可口，讲究一点的酪在酪铺发售，沿街贩卖者亦不恶。

"白薯"（南人所谓"红薯"），有三种吃法，初秋街上喊"栗子味儿的"者是干煮白薯，细细小小的，一根根地放在车上卖。稍后喊"锅底儿热和"者为带汁的煮白薯，块头较大，亦较甜。此外是烤白薯。

"老玉米"（玉蜀黍）初上市时，也有煮熟了在街上卖的。对于城市中人，这也是一种新鲜滋味。

沿街卖的"粽子"，包得又小又俏，有加枣的，有不加枣的，摆在盘子里齐整可爱。

北平没有汤圆，只有"元宵"，到了元宵季节，街上有叫卖煮元宵的。袁世凯称帝时，曾一度禁称元宵，因与"袁消"二字音同，改称汤圆，可嗤也。

糯米团子加豆沙馅，名曰"爱窝"或"爱窝窝"。

黄米面做的"切糕"，有加红豆的，有加红枣的，卖时切成斜块，插以竹签。

菱角是小的好，所以北平小贩卖的是小菱角，有生有熟，用剪去刺，当中剪开。很少卖大的红菱者。

"老鸡头"，即芡实。生者为刺囊状，内含芡实数十颗，熟者则为圆硬粒，须敲碎食其核仁。

供儿童以糖果的，从前是"打糖锣的"，后又有卖"梨糕"的，此外如"吹糖人的"、卖"糖杂面的"，都经常徘徊于街头巷尾。

"爬糕""凉粉"都是夏季平民食物，又酸又辣。

"驴肉"，听起来怪骇人的，其实切成大片瘦肉，也很好吃。是否有骆驼肉、马肉混在其中，我不敢说。

担着大铜茶壶满街跑的是卖"茶汤"的，用开水一冲，即可调成一碗茶汤，和铺子里的八宝茶汤或牛髓茶固不能比，但亦颇有味。

"油炸花生仁"是用马油炸的，特别酥脆。

北平"酸梅汤"之所以特别好，是因为使用冰糖，并加玫瑰、木樨、桂花之类。信远斋的最合标准，沿街叫卖的便徒有其名了，而且加上天然冰亦颇有碍卫生。卖酸梅汤的普通兼带"玻璃粉"及小瓶用玻璃球做盖的汽水。

"果子干"也是重要的一项副业，用杏干、柿饼、鲜藕煮成。"玫瑰枣"也很好吃。

冬天卖"糖葫芦"，裹麦芽糖或糖稀的不太好，蘸冰糖的才好吃。各种原料皆可制糖葫芦，唯以"山里红"为正宗。其他如海棠、山药、山药豆、杏干、核桃、荸荠、橘子、葡萄、金橘等均佳。

北地苦寒，冬夜特别寂静，令人难忘的是那卖"水萝卜"的声音，"萝卜——赛梨——辣了换！"那红绿萝卜，多汁而甘脆，切得又好，对于北方煨在火炉旁边的人特别有沁人脾胃之效。这等萝卜，别处没有。

有一种内空而瘦小的花生，大概是拣选出来的不够标准的花生，炒焦了以后，其味特香，远在白胖的花生之上，名曰"抓空儿"，亦冬夜的一种点缀。

夜深时往往听到沉闷而迟缓的"硬面饽饽"声，有光头、凸盖、镯子等，亦可充饥。

水果类则四季不绝地应世，诸如，三白的大西瓜、蛤蟆酥、羊角蜜、老头儿乐、鸭儿梨、小白梨、肖梨、糖梨、烂酸梨、沙果、苹果、虎拉车、杏、桃、李、山里红、柿子、黑枣、嘎嘎枣、老虎眼大酸枣、荸荠、海棠、葡萄、莲蓬、藕、樱桃、桑葚、槟子……不可胜举,都在沿门求售。

以上约略举说,只就记忆所及,挂漏必多。而且数十年来,北平也正在变动,有些小贩由式微而没落,也有些新的应运而生,比我长一辈的人所见所闻可能比我要丰富些,比我年轻的人可能遇到一些较新鲜而失去北平特色的事物。

总而言之,北平是在向新颖而庸俗方面变,在零食小贩上即可窥见一斑。如今呢,胡尘涨宇,面目全非,这些小贩,还能保存一二与否,恐怕在不可知之数了。但愿我的回忆不是永远地成为回忆!

端午给我的特别印象

沈从文

说起过节和观灯,每人都有一份不同的经验。

中国是世界上一个大国,地面广,人口多,历史长,分布全国的各民族语言文化风俗习惯又不一样,所以一年四季就有许多种节日,使用不同方式,分别在山上、水边、乡村、城镇举行。属于个人的且家家有分。这些节日影响衣食住行各方面,丰富人民生活的内容,扩大历史文化的面貌,也加深了民族团结的感情。一般吃的如年糕、粽子、月饼、腊八粥,玩的如花炮、焰火、秋千、风筝、灯彩、陀螺、兔儿爷、胖阿福,穿戴的如虎头帽、猫猫鞋,做闹龙舟和百子观灯图的衣裙、坎肩、涎围和围裙,就无一不和节令密切相关。

较古节日已延长了二三千年,后起的也有千把年历史,经史等古籍中曾提起它种种来历和举行的仪式。大多数节日常和农事生产相关,小部分则由名人故事或神话传说而来,因此有的虽具全国性,依旧会留下些区域特征。比如,为纪念屈原的五月端阳,包粽子,悬蒲艾,戴石榴花,虽然已成全国习惯,但南方的龙舟竞渡，给青年、妇女及小孩子带来的兴奋和快乐，就绝不是生长在北方平原的人所能想象的！

大江以南，凡是有河流可通船舶处，无论大城小市，端午必照例举行赛船。这些特制龙船多窄而长，有的且分五色，头尾高张，转动十分灵便。平时搁在岸上，节日来临前，才由二三十个特选少壮青年，在鞭炮轰响、欢笑呼喊中送请下水。初五叫小端阳，十五叫大端阳，正式比赛或由初三到初五，或由初五到十五。沅水流域的渔家子弟，白天玩不尽兴，晚上犹继续进行，三更半夜后，住在河边的人从睡梦中醒来时，还可听到水面飘来嘭嘭当当的锣鼓声。近年来我的记忆力日益衰退，可是四十多年前在一条六百里长的沅水和五个支流一些大城小镇度过的端阳节，由于乡情风俗热烈活泼，将近半个世纪，种种景象在记忆中还明朗清楚，不褪色，不走样。

因此还可联想起许多用"闹龙舟"做题材的艺术品。较早出现的龙舟，似应数敦煌壁画，东王公坐在上面去会西王母，云游远方，象征"驾六龙以驭天"。画虽成于北朝人手，最先稿本或可早到汉代。其次是《洛神赋图卷》，也有个相似而不同的龙舟，仿佛"驾玉虬而偕逝"情形，作为曹植对洛神的眷恋悬想。虽历来当作晋代大画家顾恺之手笔，产生时代又可能较晚些。还有个长及数丈元明人传摹唐李昭道《阿房宫图卷》，也有几只装饰华美的龙凤舟，在一派清波中从容荡漾，和结构宏伟建筑群相呼应。只是这些龙舟有的近于在水云中游行的无轮车子，有的又和五月端阳少直接关系。由宋到清，比较著名的画还有张择端《金明争标图》，宋人《龙舟图》，元人王振鹏《龙舟竞渡图》，宋人

《西湖竞渡图》，明人《龙舟竞渡图》……画幅虽不大，作得都相当生动美丽，反映出部分历史真实。

故宫收藏清初十二月令画轴《五月端阳龙舟图》，且画得格外华美热闹。此外明清工人用象牙、竹木和剔红雕填漆做的龙船，也有工艺精巧绝伦的。至于应用到生活服用方面，实无过西南各省民间挑花刺绣。被面、帐檐、门帘、枕帕、围裙、手巾、头巾和小孩穿的坎肩、涎围，戴的花帽，经常都把闹龙舟做主题，加以各种不同艺术表现，做得异常精美出色。当地妇女制作这些刺绣时，照例必把个人节日欢乐的回忆，做新嫁娘、做母亲对于家庭的幸福愿望，对于儿女的热爱关心，连同彩色丝线交织在图案中。闹龙舟的五彩版画，也特别受农村中和长年寄居在渔船上货船上的妇孺欢迎，能引起他们种种欢乐回忆和联想。

圣诞节

朱自清

十二月二十五日圣诞节。英国人过圣诞节,好像我们旧历年的味儿。习俗上、宗教上,这一日简直就是"元旦";据说 7 世纪时便已如此,14 世纪至 18 世纪中叶,虽然将"元旦"改到三月二十五日,但是以后情形又照旧了。至于一月一日,不过名义上的岁首,他们向来是不大看重的。

这年头人们行乐的机会越过越多,不在乎等到逢年过节;所以年情节景一回回地淡下去,像从前那样热狂地期待着,热狂地受用着的事情,怕只在老年人的回忆,小孩子的想象中存在着罢了。大都市里特别是这样;在上海就看得出,不用说更繁华的伦敦了。再说这种不景气的日子,谁还有心肠认真找乐儿?所以虽然圣诞节,大家也只点缀点缀,应个景儿罢了。

可是邮差却忙坏了,成千成万的贺片经过他们的手。贺片之外还有月份牌。这种月份牌一点儿大,装在卡片上,也有画,也有吉语。花样也不少,却比贺片差远了。贺片分两种,一种填上姓名,一种印上姓名。交游广的用后一种,自然贵些;据说前些年也得钩心斗角地出花样,这一年却多半简简单单的,为的好省些钱。前一种却不同,各家书纸店得抢买主,所以花色比以先还多些。不过据说也没有十二分新鲜出奇的样子,这个究竟只是应景的玩意儿呀。但是在一个外国人眼里,五光十色,也就够瞧的。曾经到旧城一家大书纸店里看过,样本厚厚的四大册,足有三千种之多。

样本开头是皇家贺片:英王的是圣保罗堂图;王后的内外两幅画,其一是花园图;威尔士亲王的是候人图;约克公爵夫妇的是1660年圣詹姆士公园冰戏图;马利公主的是行猎图。圣保罗堂庄严宏大,下临伦敦城;园里的花透着上帝的微笑;候人比喻好运气和欢乐在人生的大道上等着你;圣詹姆士公园(在圣詹姆士宫南)代表宫廷,溜冰和行猎代表英国人运动的嗜好。那幅溜冰图古色古香,而且十足神气。这些贺片原样很大,也有小号的,谁都可以买来填上自己名字寄给人。此外,有全金色的,晶莹照眼;有"蝴蝶翅"的,闪闪的宝蓝光;有雕空嵌花纱的,玲珑剔透,如嚼冰雪。又有羊皮纸仿四折本的;嵌铜片小风车的;嵌彩玻璃片圣母像的;嵌剪纸的鸟的;在猫头鹰头上粘羊毛的:都为的教人有实体感。

太太们也忙得可以的,张罗着亲戚朋友丈夫孩子的礼物,张罗着装饰屋子、圣诞树、火鸡等。节前一个礼拜,每天电灯初亮时上牛津街一带去看,步道上挨肩擦背匆匆来往的满是办年货的;不用说是太太们多。装饰屋子有两件东西不可没有,便是冬青和"苹果寄生"(mistletoe)的枝子。前者教堂里也用;后者却只用在人家里;大都插在高处。冬青取其青,有时还带着小红果儿；用以装饰圣诞节，由来已久，有人疑心是基督教徒从罗马风俗里捡来的。"苹果寄生"带着白色小浆果儿，却是英国土俗，至晚17世纪初就用它了。从前在它底下，少年男人可以和任何女子接吻；但接吻后他得摘掉一粒果子。果子摘完了，就不准再在下面接吻了。

圣诞树也有种种装饰，树上挂着给孩子们的礼物，装饰得繁简大约看人家的情形。我在朋友的房东太太家看见的只是小小一株；据说从乌尔乌斯三六公司买来，才六便士，合四五毛钱。可是放在餐桌上，青青的，滴里呱啦挂着些耀眼的玻璃球儿，绕着树更安排些"爱斯基摩人"一类小玩意儿，也热热闹闹地凑趣儿。圣诞树的风俗是从德国来的；德国也许是从斯堪的纳维亚传下来的。斯堪的纳维亚神话里有所谓世界树，叫作"乙格抓西儿"（Ygdgdrasil），用根和枝子联系着天地幽冥三界。这是株枯树，可是滴着蜜。根下是诸德之泉；树中间坐着一只鹰、一只松鼠、四只公鹿；根旁一条毒蛇，老是啃着根。松鼠上下窜，在顶上的鹰与聪敏的毒蛇之间挑拨是非。树震动不得，震动了，地底下的妖魔便会起来捣乱。想着这段神话，现在的圣诞树真是更显得温暖可亲了。圣诞树和那些冬青、"苹果寄生"，到了来年六日一齐烧去；烧的时候，在场的都动手，为的是分点儿福气。

圣诞节的晚上，在朋友的房东太太家里。照例该吃火鸡、酸梅布丁；那位房东太太手头颇窘，却还卖了几件旧家具，买了一只二十二磅重的大火鸡来过节。可惜女仆不小心，烤枯了一点儿；老太太自个儿唠叨了几句，大节下，也就算了。可是火鸡味道也并不怎样特别似的。吃饭时候，大家一面扔纸球，一面扯花炮——两个人扯,有时只响一下,有时还夹着小纸片儿,多半是带着"爱"字儿的吉语。饭后做游戏,有音乐椅子(椅子数目比人少一个;乐声止时,众人抢着坐)、掩目吹蜡烛、抓瞎、抢人(分队)、抢气球等,大家居然一团孩子气。最后还有跳舞。这一晚过去,第二天差不多什么都照旧了。

新年大家若无其事地过去;有些旧人家愿意上午第一个进门的是个头发深、气色黑些的人,说这样人带进新年是吉利的。朋友的房东太太那早晨特意通电话请一家熟买卖的掌柜上她家去;他正是这样的人。新年也卖历本;人家常用的是老摩尔历本(Old More's Almanack),书纸店里买,价钱贱,只两便士。这一年的,面上印着"乔治王陛下登极第二十三年";有一块小图,画着日月星地球,地球外一个圈儿,画着黄道十二宫的像,如"白羊""金牛""双子"等。古来星座的名字,取像于人物,也另有风味。

历本前有一整幅观像图,题道:"将来怎样?""老摩尔告诉你"。从图中看,老摩尔创于一千七百年,到现在已经二百多年了。每月一面,上栏可以说是"推背图",但没有神秘气;下栏分日数、星期、大事记、日出没时间、月出没时间、伦敦潮汛、时事预测各项。此外还有月盈缺表、各港潮汛表、行星运行表、三岛集期表、邮政章程、大路规则、做点心法、养家禽法、家事常识。广告也不少,卖丸药的最多,满是给太太们预备的;因为这种历本原是给太太们预备的。

过　年

老　舍

最怀念的，还是小时候过的年。

早起拉开窗帘举目望去，一夜之间，外面已成了银装素裹的世界。今年冬天雪下得少，似乎缺了一点气氛。这场雪的到来，提示着人们，年已经不远了。是啊，又要过年了，甚至能看到被大雪压弯的树枝也在抖动着春的喜悦。

过年，在感觉中已经有些遥远，甚至没有太多的期盼。在繁忙的都市里，在行色匆匆的人群中，年味越来越淡，有的时候马上过年了，才想起来。最令自己怀念的，还是小时候过的年，虽然那是些久远的回忆，但一切又都是那样鲜活。

我的老家在农村。一到腊月，年的气氛就浓起来了。在村里的供销社，购年货的人络绎不绝。那些传统的年画给我留下了深刻的印象，现在想起来是依然漂亮，那厚厚的纸，散发着油墨的芳香，在幼小的心灵里，已经把它当作是年的象征。

北方的腊八，是一年中最冷的时候。它的特殊意义在于向年又近了一步。每天天没亮就会醒来，一想到要过年了，兴奋的睡不着。村里的老人们开始对小孩子们说:"小孩小孩你别馋,过了腊八就过年。小孩小孩你别哭,过了腊八就杀猪。"孩子们嬉笑着、欢呼着,跑走了。那个时候,并不是所有的人家都能杀得起年猪。而杀了猪的人家都要安排一顿饭,招待一下村邻亲戚。我们这些小孩子吃不多少肉,就是图个热闹,屋里屋外地乱窜。

那个年月伙食很差,平时就是苞米面饼子、小米饭,连面食也吃不到。所以过年对于我们小孩子来说那是个解馋的好机会。除夕的前几天,母亲便开始忙着蒸年糕、蒸馒头,前一天才会用大锅炜肉。我则站在锅台边,紧紧地盯着锅,闻着那飘出的香气,不知不觉着唾液已经流了下来。母亲在旁边看了,便会掀开锅盖,用筷子扎出一小块肉放在碗里,我伸手就拿,顾不上烫嘴,狠狠地咬下去。

我喜欢啃冻梨,吃时发出的"沙沙"声,那白白的梨肉带来的酸甜,总让我回味不尽。当然,也只有过年时才能买梨吃。有一件小事很是难忘:那次母亲买来了冻梨,放在了储存杂物的仓子里。我便偷偷地盯着她,直到她进了屋子。我一溜小跑来到门前,小心翼翼地打开仓门,钻了进去,把门关好,掏了一个梨子就啃。不一会儿母亲进来取东西,一下子看到了我,我竟然有些不好意思,她却笑了笑,拍了拍我的头,没有说什么。吃晚饭的时候,弟弟还在问母亲:"梨什么时候买啊?"我在心里说:哈,我已经先尝到了。

对联也是过年不可缺少的重要物品。那时候的对联和现在不同,都是买来大红纸请人手写的。父亲的书法很好,是我们村里知名的先生,所以到我家来请父亲写对联的人都排成了队,过年的这两天是父亲最忙碌的时候。我在旁边看着那黑亮亮的毛笔字写在红纸上，有说不出的羡慕。当红红的对联贴到墙上和门上，那个喜庆啊，年的气氛立刻就出来了。

小时候的我喜欢穿新衣服。除夕的头天晚上我会把新衣服拿出来，翻过来掉过去地看，想象着明天就要穿上了，那个高兴啊。一年到头能穿新衣服的时候是很少的，一般都要到过年。睡前早早地把小脚洗干净，把新鞋、新袜摆在枕边看着，后来就睡着了。有时会做梦，虽然不知道自己当时的表情，但小脸上肯定带着甜甜笑意。

除夕也叫年三十，家家张灯结彩，人人喜气洋洋。在那个年月，恐怕只有在过年的时候才能看到大伙的脸上洋溢的笑容。除夕一大早，我就被鞭炮声从睡梦中惊醒。父亲也会在我们的耳边说，快起床吧，过年了，早点放鞭炮。我们便一骨碌爬起来，穿好新衣服、新鞋，跑到外面放鞭炮。然后等待我们的便是饭桌上香喷喷的饺子了。我们北方过年的高潮是除夕之夜，最重要的活动叫发纸，一般都是在子时，也就是二十三点到凌晨一点。传说那时候南天门会打开，天上的神仙会鱼贯地下到人间，所以各家有供奉神灵的，都要出去"请"。当然，也有的人说，相当有"福气"的人会看到南天门开，那样的人以后一定会享受荣华富贵，只是没有人能证实罢了。

在欢笑声中白天很快就过去了。夜色渐浓，万家灯火在冬夜里跳动着，映衬着白白的雪，描绘出乡村最美丽的夜晚。除夕的夜充满了祥和与神秘。在人们的眼里，从这里仿佛能看到美好的明天。

社 戏

鲁 迅

我们鲁镇的习惯,本来是凡有出嫁的女儿,倘自己还未当家,夏间便大抵回到母家去消夏。那时我的祖母虽然还康健,但母亲也已分担了些家务,所以夏期便不能多日的归省了,只得在扫墓完毕之后,抽空去住几天,这时我便每年跟了我的母亲住在外祖母的家里。那地方叫平桥村,是一个离海边不远,极偏僻的,临河的小村庄;住户不满三十家,都种田,打鱼,只有一家很小的杂货店。但在我是乐土:因为我在这里不但得到优待,又可以免念"秩秩斯干幽幽南山"了。

和我一同玩的是许多小朋友,因为有了远客,他们也都从父母那里得了减少工作的许可,伴我来游戏。在小村里,一家的客,几乎也就是公共的。我们年纪都相仿,但论起行辈来,却至少是叔子,有几个还是太公,因为他们合村都同姓,是本家。然而我们是朋友,即使偶而吵闹起来,打了太公,一村的老老小小,也决没有一个会想出"犯上"这两个字来,而他们也百分之九十九不识字。

我们每天的事情大概是掘蚯蚓，掘来穿在铜丝做的小钩上，伏在河沿上去钓虾。虾是水世界里的呆子，决不惮用了自己的两个钳捧着钩尖送到嘴里去的，所以不半天便可以钓到一大碗。这虾照例是归我吃的。其次便是一同去放牛，但或者因为高等动物了的缘故罢，黄牛、水牛都欺生，敢于欺侮我，因此我也总不敢走近身，只好远远地跟着，站着。这时候，小朋友们便不再原谅我会读"秩秩斯干"，却全都嘲笑起来了。

至于我在那里所第一盼望的，却在到赵庄去看戏。赵庄是离平桥村五里的较大的村庄；平桥村太小，自己演不起戏，每年总付给赵庄多少钱，算作合做的。当时我并不想到他们为什么年年要演戏。现在想，那或者是春赛，是社戏了。

就在我十一二岁时候的这一年，这日期也看看等到了。不料这一年真可惜，在早上就叫不到船。平桥村只有一只早出晚归的航船是大船，决没有留用的道理。其余的都是小船，不合用；央人到邻村去问，也没有，早都给别人定下了。外祖母很气恼，怪家里的人不早定，絮叨起来。母亲便宽慰伊，说我们鲁镇的戏比小村里的好得多，一年看几回，今天就算了。只有我急得要哭，母亲却竭力的嘱咐我，说万不能装模装样，怕又招外祖母生气，又不准和别人一同去，说是怕外祖母要担心。

总之，是完了。到下午，我的朋友都去了，戏已经开场了，我似乎听到锣鼓的声音，而且知道他们在戏台下买豆浆喝。

这一天我不钓虾，东西也少吃。母亲很为难，没有法子想。到晚饭时候，外祖母也终于觉察了，并且说我应当不高兴，他们太怠慢，是待客的礼数里从来所没有的。吃饭之后，看过戏的少年们也都聚拢来了,高高兴兴的来讲戏。只有我不开口;他们都叹息而且表同情。忽然间,一个最聪明的双喜大悟似的提议了,他说,"大船?八叔的航船不是回来了么?"十几个别的少年也大悟,立刻撺掇起来,说可以坐了这航船和我一同去。我高兴了。然而外祖母又怕都是孩子们,不可靠;母亲又说是若叫大人一同去,他们白天全有工作,要他熬夜,是不合情理的。在这迟疑之中,双喜可又看出底细来了,便又大声的说道,"我写包票!船又大;迅哥儿向来不乱跑;我们又都是识水性的!"

诚然!这十多个少年,委实没有一个不会凫水的,而且两三个还是弄潮的好手。

外祖母和母亲也相信,便不再驳回,都微笑了。我们立刻一哄的出了门。

我的很重的心忽而轻松了,身体也似乎舒展到说不出的大。一出门,便望见月下的平桥内泊着一支白篷的航船,大家跳下船,双喜拔前篙,阿发拔后篙,年幼的都陪我坐在舱中,较大的聚在船尾。母亲送出来吩咐"要小心"的时候,我们已经点开船,在桥石上一磕,退后几尺,即又上前出了桥。于是架起两支橹,一支两人,一里一换,有说笑的,有嚷的,夹着潺潺的船头激水的声音,在左右都是碧绿的豆麦田地的河流中,飞一般径向赵庄前进了。

两岸的豆麦和河底的水草所发散出来的清香,夹杂在水气中扑面的吹来;月色便朦胧在这水气里。淡黑的起伏的连山,仿佛是踊跃的铁的兽脊似的,都远远地向船尾跑去了,但我却还以为船慢。他们换了四回手,渐望见依稀的赵庄,而且似乎听到歌吹了,还有几点火,料想便是戏台,但或者也许是渔火。

那声音大概是横笛,宛转,悠扬,使我的心也沉静,然而又自失起来,觉得要和他弥散在含着豆麦蕴藻之香的夜气里。

那火接近了,果然是渔火;我才记得先前望见的也不是赵庄。那是正对船头的一丛松柏林,我去年也曾经去游玩过,还看见破的石马倒在地下,一个石羊蹲在草里呢。过了那林,船便弯进了叉港,于是赵庄便真在眼前了。

最惹眼的是屹立在庄外临河的空地上的一座戏台,模糊在远处的月夜中,和空间几乎分不出界限,我疑心画上见过的仙境,就在这里出现了。这时船走得更快,不多时,在台上显出人物来,红红绿绿的动,近台的河里一望乌黑的是看戏的人家的船篷。

"近台没有什么空了,我们远远的看罢。"阿发说。

这时船慢了,不久就到,果然近不得台旁,大家只能下了篙,比那正对戏台的神棚还要远。其实我们这白篷的航船,本也不愿意和乌篷的船在一处,而况并没有空地呢……

在停船的匆忙中,看见台上有一个黑的长胡子的背上插着四张旗,捏着长枪,和一群赤膊的人正打仗。双喜说,那就是有名的铁头老生,能连翻八十四个筋斗,他日里亲自数过的。

我们便都挤在船头上看打仗,但那铁头老生却又并不翻筋斗,只有几个赤膊的人翻,翻了一阵,都进去了,接着走出一个小旦来,咿咿呀呀的唱。双喜说,"晚上看客少,铁头老生也懈了,谁肯显本领给白地看呢?"我相信这话对,因为其时台下已经不很有人,乡下人为了明天的工作,熬不得夜,早都睡觉去了，疏疏朗朗的站着的不过是几十个本村和邻村的闲汉。乌篷船里的那些土财主的家眷固然在，然而他们也不在乎看戏，多半是专到戏台下来吃糕饼、水果和瓜子的。所以简直可以算白地。

然而我的意思却也并不在乎看翻筋斗。我最愿意看的是一个人蒙了白布，两手在头上捧着一支棒似的蛇头的蛇精，其次是套了黄布衣跳老虎。但是等了许多时都不见，小旦虽然进去了，立刻又出来了一个很老的小生。我有些疲倦了，托桂生买豆浆去。他去了一刻，回来说："没有。卖豆浆的聋子也回去了。日里倒有，我还喝了两碗呢。现在去舀一瓢水来给你喝罢。"

我不喝水，支撑着仍然看，也说不出见了些什么，只觉得戏子的脸都渐渐的有些稀奇了，那五官渐不明显，似乎融成一片的再没有什么高低。年纪小的几个多打呵欠了，大的也各管自己谈话。忽而一个红衫的小丑被绑在台柱子上，给一个花白胡子的用马鞭打起来了，大家才又振作精神的笑着看。在这一夜里，我以为这实在要算是最好的一折。

然而老旦终于出台了。老旦本来是我所最怕的东西，尤其是怕他坐下了唱。这时候，看见大家也都很扫兴，才知道他们的意见是和我一致的。那老旦当初还只是踱来踱去的唱，后来竟在中间的一把交椅上坐下了。我很担心；双喜他们却就破口喃喃的骂。我忍耐的等着，许多工夫，只见那老旦将手一抬，我以为就要站起来了，不料他却又慢慢的放下在原地方，仍旧唱。全船里几个人不住的吁气，其余的也打起呵欠来。双喜终于熬不住了，说道，怕他会唱到天明还不完，还是我们走的好罢。大家立刻都赞成，和开船时候一样踊跃，三四人径奔船尾，拔了篙，点退几丈，回转船头，驾起橹，骂着老旦，又向那松柏林前进了。

月还没有落，仿佛看戏也并不很久似的，而一离赵庄，月光又显得格外的皎洁。回望戏台在灯火光中，却又如初来未到时候一般，又漂渺得像一座仙山楼阁，满被红霞罩着了。吹到耳边来的又是横笛，很悠扬；我疑心老旦已经进去了，但也不好意思说再回去看。

不多久，松柏林早在船后了，船行也并不慢，但周围的黑暗只是浓，可知已经到了深夜。他们一面议论着戏子，或骂，或笑，一面加紧的摇船。这一次船头的激水声更其响亮了，那航船，就像一条大白鱼背着一群孩子在浪花里蹿，连夜渔的几个老渔父，也停了艇子看着喝采起来。

离平桥村还有一里模样，船行却慢了，摇船的都说很疲乏，因为太用力，而且许久没有东西吃。这回想出来的是桂生，说是罗汉豆正旺相，柴火又现成，我们可以偷一点来煮吃的。大家都赞成，立刻近岸停了船；岸上的田里，乌油油的便都是结实的罗汉豆。

"阿阿，阿发，这边是你家的，这边是老六一家的，我们偷那一边的呢？"双喜先跳下去了，在岸上说。

我们也都跳上岸。阿发一面跳，一面说道，"且慢，让我来看一看罢。"他于是往来的摸了一回，直起身来说道，"偷我们的罢，我们的大得多呢。"一声答应，大家便散开在阿发家的豆田里，各摘了一大捧，抛入船舱中。双喜以为再多偷，倘给阿发的娘知道是要哭骂的，于是各人便到六一公公的田里又各偷了一大捧。

我们中间几个年长的仍然慢慢的摇着船，几个到后舱去生火，年幼的和我都剥豆。不久豆熟了，便任凭航船浮在水面上，都围起来用手撮着吃。吃完豆，又开船，一面洗器具，豆荚豆壳全抛在河水里，什么痕迹也没有了。双喜所虑的是用了八公公船上的盐和柴，这老头子很细心，一定要知道，会骂的。然而大家议论之后，归结是不怕。他如果骂，我们便要他归还去年在岸边拾去的一枝枯桕树，而且当面叫他"八癞子"。

"都回来了！那里会错。我原说过写包票的！"双喜在船头上忽而大声的说。

我向船头一望，前面已经是平桥。桥脚上站着一个人，却是我的母亲，双喜便是对伊说着话。我走出前舱去，船也就进了平桥了，停了船，我们纷纷都上岸。母亲颇有些生气，说是过了三更了，怎么回来得这样迟，但也就高兴了，笑着邀大家去吃炒米。

大家都说已经吃了点心，又渴睡，不如及早睡的好，各自回去了。

第二天，我向午才起来，并没有听到什么关系八公公盐柴事件的纠葛，下午仍然去钓虾。

"双喜，你们这班小鬼，昨天偷了我的豆了罢？又不肯好好的摘，踏坏了不少。"我抬头看时，是六一公公棹着小船，卖了豆回来了，船肚里还有剩下的一堆豆。

"是的。我们请客。我们当初还不要你的呢。你看，你把我的虾吓跑了！"双喜说。

六一公公看见我，便停了楫，笑道，"请客？——这是应该的。"于是对我说,"迅哥儿,昨天的戏可好么?"

我点一点头,说道,"好。"

"豆可中吃呢?"

我又点一点头,说道,"很好。"

不料六一公公竟非常感激起来,将大拇指一翘,得意的说道,"这真是大市镇里出来的读过书的人才识货!我的豆种是粒粒挑选过的,乡下人不识好歹,还说我的豆比不上别人的呢。我今天也要送些给我们的姑奶奶尝尝去……"他于是打着楫子过去了。

待到母亲叫我回去吃晚饭的时候,桌上便有一大碗煮熟了的罗汉豆,就是六一公公送给母亲和我吃的。听说他还对母亲极口夸奖我,说"小小年纪便有见识,将来一定要中状元。姑奶奶,你的福气是可以写包票的了。"但我吃了豆,却并没有昨夜的豆那么好。

真的,一直到现在,我实在再没有吃到那夜似的好豆,——也不再看到那夜似的好戏了。

年味忆燕都

张恨水

旧历年快到了,让人想起燕都的过年风味,悠然神往。我上次说过,北平令人留恋之处,就在那壮丽的建筑和那历史悠久的安逸习惯。西人一年的趣味中心在圣诞,中国人的一年趣味中心,却在过年。而北平人士之过年,尤其有味。有钱的主儿,自然有各种办法,而穷人买他一二斤羊肉,包上一顿白菜馅饺子,全家闹他一个饱,也可以把忧愁丢开,至少快活二十四小时。人生这样子过去是对的,我就乐意永远在北平过年的。

我先提一件事,以见北平人过年趣味之浓。远在阴历七八月,小住家儿的就开始"打蜜供"了。蜜供是一种油炸白面条,外涂蜜糖的食物。这糖面条儿堆架起来,像一座宝塔,塔顶上插上一面小红纸旗儿。塔有大有小,大的高二三尺,小的高六七寸,重由二三斤到几两。到了大年三十夜,看人家的经济情形怎样。在祖先佛爷供桌上,或供五尊,或供三尊,在蜜供上加一个打字云者,乃打会转出来的名词。就是有专门做这生意的小贩,在七八月间起,向小住家儿的,按月份收定钱,到年终拿满价额交货。这么一点小事交秋就注意，可见他们年味之浓了。

因此，一跨进十二月的门，廊房头条的绢灯铺，花儿市扎年花儿的，开始悬出他们的货。天津杨柳青出品的年画儿，也就有人整大批地运到北平来。假如大街上哪里有一堵空墙，或者有一段空走廊，卖年画儿的，就在哪里开着画展。东西南城的各处庙会，每到会期也更形热闹。由城市里人需要的东西，到市郊乡下的需要的东西，全换了个样，全换着与过年有关的。由腊八吃腊八粥起以小市民的趣味，就完全寄托在过年上。日子越近年，街上的年景也越浓厚。

十五以后，全市纸张店里，悬出了红纸桃符，写春联的落拓文人，也在避风的街檐下，摆出了写字摊子。送灶的关东糖瓜大筐子陈列出来，跟着干果子铺、糕饼铺，在玻璃门里大篮、小篓陈列上中下三等的杂拌儿。打糖锣儿的，来得更起劲。他的担子上，换了适合小孩子抢着过年的口味，冲天子儿、炮打灯、麻雷子、空竹、花刀花枪，挑着四处串胡同。小孩一听锣声，便包围了那担子。所以无论在新来或久住的人，只要在街上一转，就会觉到年又快过完了。

北平是容纳着任何一省籍贯人民的都市。真正的宛平、大兴两县人，那百分比是微小得可怜的。但这些市民，在北平只要住上三年，就会传染了许多迎时过节的嗜好，而且越久传染越深。我在北平过了十六七个年，因之尽管忧患余生，冲淡不了我对北平年味的回忆。自然，现在的北平小市民，已不能有百分之几的年味存在，而这也就越让我回忆着了。

不变其文

国文与国语

梁实秋

国文与国语是两件东西。会说国语的人,可能还是文盲。文字是书写阅读的,语言是口说耳听的。

但是国文与国语的关系仍然是很密切的。先有语言,后有文字,这是一般的通例。语言是随时在变的,所以文字一定也跟着变。如果文字固定不变,只能书写阅读,不能口说耳听,则是死文字,如希腊文、拉丁文等。

我们中国的文字,是活文字,不是死文字,至少不像希腊、拉丁文那样的死。可是,由于几千年来教育未能普及,识字的人太少,而少数的知识分子又格于形式,偏于保守,动起笔来不是效法周秦,便是模拟汉唐,以至于所谓国文与国语脱节,只能供少数人的使用赏玩。儿童学语,不消一年半载,便能牙牙上口。若是要文字精通,便非积年累月痛下苦功不可。(传统的国文和日常的语言,其间的距离太远了一点。其距离至少是和"古英文"或"中古英文"与现代英语之距离一样地远。)这是很不幸的,而且是不必的。

"言文一致"原是一个理想，事实上是不可能的，我还不知道世界上有哪一个国家在任何时代能言文一致。言与文虽然不能一致，不过也不可距离太远。距离太远，则为大多数人想，甚不方便。会说本国语而还要花费好多年的时光去学习本国文，实在是冤枉。所以白话文运动是确乎合于时宜的。

　　"白话文"者，乃是接近白话之文。白话文仍然是文，并非白话，并非把口说的白话逐字逐句地写在纸上之谓。如谓嘴里说的话，笔录下来，即能成文，恐天下无此便宜事。"出口成章"，那是要传为美谈的。白话文既仍然是文，当然还是要具备"文"的条件，章法、句法、声调、词藻等仍然是要考究的。所以白话文仍然是要学的，不过学起来要比学唐宋古文便利得多。

　　不要以为话是人人会说的。有许多人硬是不会说话。有人说话啰唆，不中肯綮，有人说话颠三倒四，语无伦次，有人说话滥用名词，有人说话词不达意，说话而能清楚明白简洁了当，并非易事。"言为心声"，头脑清楚，然后才能说话清楚，思想周到，然后才能说话周到。会说话，然后就比较容易会写白话文了。所以白话文运动，一方面要把文从传统的古文的藩篱里解放出来，一方面要努力把一般人的说话方式尽量地予以训练，考之较接近于文（我并不鄙视俗俚的语言，有时这样的语言还很能传神，经过选择后亦可被吸收成为文字中的用语，不过文究竟是文）。

　　白话文运动不是偶然的。清末，八股废，学校兴，浅近的文言一时成为风尚。我还记得，我小时候读的国文教科书，是"一人，二手。开门，见山。大山，小石。水落，石出……"

　　这和"人之初，性本善……"已经大大不同了。到"五四运动"以后，也许是受了一点外国的影响，这才有"小猫叫，小狗跳……"，"来，来，来上学"之类的课文。小学生学国文，宜先从学说话起。说话的训练实在即是思想的训练。

古文还是要读的。其中的章法、句法、词藻都是很有价值的。不过要在白话文通了之后再读为宜。这是一个程序的问题。对于专门研究中国文学的人，古书古文读得越多越好，因为这是他的专门的学问；对于一般的人，当适可而止，匀出工夫来做别的事情。白话文通了之后再读古文，可以增加许多行文的技巧，使白话文变得简洁些，使白话文更像文。

试看许多白话文的作家，写出文章如行云流水，清楚明白，或委婉多姿，或干脆利落，其得力处不在白话，而在于文。胡适之先生常自谦地说，他的文章像是才解放的小脚，受过过多的束缚，一时无法恢复自然。这完全是他的谦虚。有几个人能写出像他那样的清莹透底的文章？依我看，小学及初中完全读白话文，高中完全读古文，应该是最妥当的办法。小学注意语言，初中注重文字，循序渐进。

讲到国文教学，在教材教法方面，均应随时研究改良。最要紧的是，要认清国文教学的目的是什么。我以为其目的是在训练学生使用本国的语言文字以求有效地表达思想。如果这个目的不错，那么在国语、国文课程之内，应采取纯粹与这目的有关的材料做教材。有人常把"国学"与"国文"连在一起。我不轻视"国学"，虽然我不大清楚"国学"是什么。如果"国学"即是中国的文学、历史、哲学的话，那么"国学"一词实无存在之必要，应分列为"中国文学""中国历史""中国哲学"。国文当然也要有内容，本国文史的古典作品正不妨作为国文的资料，这话当然也有道理，不过如果我们不忘记国文的目的，则这些古典作品似应加以改写，使之简化，然后再编为国文资料。

例如，在英美，荷马的故事、中古的传奇，对于每一高等学校的学生都耳熟能详，但并非由于直接地读过那些古典原作，读的乃是经过重写改编的古典作品。我们的国文教学，也应该认清目标，慎选教材。我们中国古代的文化，确实值得我们珍视，确实值得令每一国民都有相当的认识，但是方法尽有的是，似不可令"国学"占去国文的一部分的地位。以高中及大一而言，与其选读深奥的古典作品，不如选读与现代生活有关的资料。有一个时期，国语与常识合编，我觉得那方向是对的，后来不知怎么又改变了。

教学方法，对于低年级的教学最宜讲究。这一套方法应求其现代化、科学化。英美学校之教英文，亦即他们的国文，在方法上我想一定有足资我们借鉴的地方。这有待于开明的专家们去努力研究。

文

朱自清

现存的中国最早的文，是商代的卜辞。这只算是些句子，很少有一章一节的。后来《周易》卦爻辞和《鲁春秋》也是如此，不过经卜官和史官按着卦爻与年月的顺序编纂起来，比卜辞显得整齐些罢了。便是这样，王安石还说《鲁春秋》是"断烂朝报"。所谓"断"，正是不成片段，不成章节的意思。卜辞的简略大概是工具的缘故；在脆而狭的甲骨上用刀笔刻字，自然不得不如此。卦爻辞和《鲁春秋》似乎没有能够跳出卜辞的氛围去；虽然写在竹木简上，自由比较多，却依然只跟着卜。

《尚书》就不同了。《虞》《夏书》大概是后人追记，而且大部分是战国末年的追记，可以不论；但那几篇《尚书》，即使有些是追记，也总在商周之间。那不但有章节，并且成了篇，足以代表当时史的发展，就是叙述文的发展。而议论文也在这里面见了源头。卜辞是"辞"，《尚书》里大部分也是"辞"。这些都是官文书。

记言记事的辞之外，还有讼辞。打官司的时候，原被告的口供都叫作"辞";辞原是"讼"的意思,是辩解的言语。这种辞关系两造的利害很大,两造都得用心陈说;审判官也得用心听,他得公平地听两面儿的。这种辞也兼有叙述和议论;两边自己办不了,可以请教讼师。这至少是周代的情形。春秋时候,列国交际频繁,外交的言语关系国体和国家的利害更大,不用说更需慎重了。这也称为"辞",又称为"命",又合称为"辞命"或"辞令"。

郑子产便是个善于辞命的人。郑是个小国,他办外交,却能教大国折服,便靠他的辞命。他的辞引古为证,宛转而有理,他的态度却坚强不屈。孔子赞美他的辞,更赞美他的"慎辞"。孔子说当时郑国的辞命,子产先教裨谌创意起草,交给世叔审查,再教行人子羽修改,末了儿他再加润色。他的确是很慎重的。辞命得"顺",就是宛转而有理;还得"文",就是引古为证。

孔子很注意辞命,他觉得这不是件易事,所以自己谦虚地说是办不了。但教学生却有这一科;他称赞宰我、子贡,擅长言语,"言语"就是"辞命"。那时候言文似乎是合一的。辞多指说出的言语,命多指写出的言语;但也可以兼指。各国派使臣,有时只口头指示策略,有时预备下稿子让他带着走,这都是命。使臣受了命,到时候总还得随机应变,自己想说话;因为许多情形是没法预料的——当时言语,方言之外有"雅言"。

"雅言"就是"夏言",是当时的京话或官话。孔子讲学似乎就用雅言,不用鲁语。卜、《尚书》和辞命,大概都是历代的雅言。讼辞也许不同些。雅言用得既多,所以每字都能写出,而写出的和说出的雅言,大体上是一致的。孔子说"辞"只要"达"

就成。辞是辞命,"达"是明白,辞多了像背书,少了说不明白,多少要恰如其分。辞命的重要,代表议论文的发展。

战国时代,游说之风大盛。游士立谈可以取卿相,所以最重说辞。他们的说辞却不像春秋的辞命那样从容宛转了。他们铺张局势,滔滔不绝,真像背书似的;他们的话,像天花乱坠,有时夸饰,有时诡曲,不问是非,只图激动人主的心。那时最重辩。墨子是第一个注意辩论方法的人,他主张"言必有三表"。"三表"是"上本之于古者圣王之事","下原察百姓耳目之实","废(发)以为刑政,观其中国家百姓人民之利",便是三个标准。不过他究竟是个注重功利的人,不大喜欢文饰,"恐人怀其文,忘其'用'",所以楚王说他"言多不辩"。——后来有了专以辩论为事的"辩者",墨家这才更发展了他们的辩论方法,所谓《墨经》便成于那班墨家的手里——儒家的孟、荀也重辩。孟子说:"予岂好辩哉?予不得已也!"荀子也说:"君子必辩"。这些都是游士的影响。

但道家的老、庄,法家的韩非,却不重辩。《老子》里说:"信言不美,美言不信","老学"所重的是自然。《庄子》里说"大辩不言","庄学"所要的是神秘。韩非也注重功利,主张以法禁辩,说辩"生于上之不明"。后来儒家作《易》《文言传》,也道:"君子进德修业。忠信,所以进德也;修辞立其诚,所以居业也。"这不但是在暗暗地批评着游士好辩的风气,恐怕还在暗暗地批评着后来称为名家的"辩者"呢。《文言传》旧传是孔子所作,不足信;但这几句话和"辞达"论倒是合拍的。

孔子开了私人讲学的风气,从此也便有了私家的著作。第一种私家著作是《论语》，却不是孔子自作而是他的弟子们记的他的说话。诸子书大概多是弟子们及后学者所记，自作的极少。《论语》以记言为主，所记的多是很简单的。孔子主张"慎言"，痛恨"巧言"和"利口"；他向弟子们说话，大概是很质直的，弟子们体念他的意思，也只简单的记出。到了墨子和孟子，可就铺排得多。《墨子》大约也是弟子们所记。《孟子》据说是孟子晚年和他的弟子公孙丑、万章等编定的，可也是弟子们记言的体制。那时是个"好辩"的时代。墨子虽不好辩，却也脱不了时代影响。孟子本是个好辩的人。

记言体制的恢张，也是自然的趋势。这种记言是直接的对话。由对话而发展为独白，便是"论"。初期的论，言意浑括，《老子》可为代表；后来的《墨经》《韩非子》《储说》的经，《管子》的《经言》，都是这体制。再进一步，便是恢张的论，《庄子》《齐物论》等篇以及《荀子》《韩非子》《管子》的一部分，都是的——群经诸子书里常常夹着一些韵句，大概是为了强调。后世的文也偶尔有这种例子。中国的有韵文和无韵文的界限，是并不怎样严格的。

还有一种"寓言"，借着神话或历史故事来抒论。《庄子》多用神话，《韩非子》多用历史故事：《庄子》有些神仙家言，《韩非子》是继承《庄子》的寓言而加以变化。战国游士的说辞也好用譬喻。譬喻成了风气；这开了后来辞赋的路。论是进步的体制，但还只以篇为单位，"书"的观念还没有。直到《吕氏春秋》才成了第一部有系统的书。这部书成于吕不韦的门客之手，有十二纪、八览、六论，共三十多万字。十二代表十二月，八是卦数,六是秦代的圣数;这些数目是本书的间架,是外在的系统,并非逻辑的秩序。汉代刘安主编《淮南子》,才按照逻辑的秩序,结构就严密多了。

自从有了私家著作,学术日渐平民化。著作越过越多,流传也越过越广。"雅言"便成了凝定的文体了。后世大体采用,言文渐渐分离。战国末期,"雅言"之外原还有齐语、楚语两种有势力的方言。但是齐语只在《春秋公羊传》里留下一些,楚语只在屈原的"辞"里留下几个助词,如"羌""些"等;这些都让"雅言"压倒了。

伴随着议论文的发展,记事文也有了长足的进步。这里《春秋左氏传》是一座里程碑。在前有分国记言的《国语》,《左传》从它里面取材很多。那是铺排的记言,一面以《尚书》为范本,一面让当时记言体的恢张的趋势推动着,成了这部书。其中自然免不了记事的文字,《左传》便从这里出发,将那恢张的趋势表现在记事文里。那时游士的说辞也有人分国记载,也是铺排的记言,后来成为《战国策》那部书。《左传》是说明《春秋》的,是中国第一部编年史。它最长于战争的记载;它能够将千头万绪的战事叙得层次分明,它的描写更是栩栩如生。它的记言也异曲同工,不过不算独创罢了。它可还算不得一部有自己的系统的书;它的顺序是依着《春秋》的。《春秋》的编年并不是自觉的系统,而且"断如复断",也不成一部"书"。

汉代司马迁的《史记》才是第一部有自己的系统的史书。他创造了"纪传"的体制。他的书包括十二本纪、十表、八书、三十世家、七十列传,共五十多万字。十二是十二月,是地支,十是天干，八是卦数，三十取《老子》"三十辐共一毂"的意思，表示那些"辅弼股肱之臣""忠信行道以奉主上"；七十表示人寿之大齐，因为列传是记载人物的。这也是用数目的哲学作系统，并非逻辑的秩序，和《吕氏春秋》一样。这部书"厥协《六经》异传，整齐百家杂语"，以剪裁与组织见长。但是它的文字最大的贡献，还在描写人物。左氏只是描写事，司马迁进一步描写人；写人更需要精细的观察和选择，比较的更难些。班彪论《史记》"善叙事理，辨而不华，质而不野，文质相称"，这是说司马迁行文委曲自然。他写人也是如此。他又往往即事寓情，低徊不尽；他的悲愤的襟怀，常流露在字里行间。明代茅坤称他"出《风》入《骚》"，是不错的。

汉武帝时候，盛行辞赋；后世说"楚辞汉赋"，真的，汉代简直可以说是赋的时代。所有的作家几乎都是赋的作家。赋既有这样压倒的势力，一切的文体，自然都受它的影响。赋的特色是铺张、排偶、用典故。西汉记事记言，都还用散行的文字，语意大抵简明；东汉就在散行里夹排偶，汉魏之际，排偶更甚。西汉的赋，虽用排偶，却还重自然，并不力求工整；东汉到魏，越来越工整，典故也越用越多。西汉普通文字，句子很短，最短有两个字的。东汉的句子，便长起来，最短的是四个字；魏代更长，往往用上四下六或上六下四的两句以完一意。所谓"骈文"或"骈体"，便这样开始发展。骈体出于辞赋，夹带着不少的抒情的成分；而句读整齐，对偶工丽，可以悦目，声调和谐，又可悦耳，也都助人情韵。因此能够投人所好，成功了不废的体制。

梁昭明太子在《文选》里第一次提出"文"的标准，可以说是骈体发展的指路牌。他不选经、子、史,也不选"辞"。经太尊,不可选;史"褒贬是非,纪别异同",不算"文";子"以立意为宗,不以能文为本";"辞"是子史的支流,也都不算"文"。他所选的只是"事出于沈思,义归乎翰藻"之作。"事"是"事类",就是典故;"翰藻"兼指典故和譬喻。典故用得好的,譬喻用得好的,他才选在他的书里。这种作品好像各种乐器,"并为入耳之娱",好像各种绣衣,"俱为悦目之玩"。这是"文",和经子史及"辞"的作用不同,性质自异。后来梁元帝又说,"吟咏风谣,流连哀思者谓之文""文者,惟须绮縠纷披,宫徵靡曼,唇吻遒会,情灵摇荡"。这是说,用典故、有对偶、谐声调的抒情作品才叫作"文"呢。这种"文"大体上专指诗赋和骈体而言;但应用的骈体如章奏等,却不算在里头。

汉代本已称诗赋为"文",而以"文辞"或"文章"称记言、记事之作。骈体原也是些记言、记事之作,这时候却被提出一部分来,与诗赋并列在"文"的尊称之下,真是"附庸蔚为大国"了。

这时有两种新文体发展。一是佛典的翻译,一是群经的义疏。佛典翻译从前不是太直,便是太华;太直的不好懂,太华的简直是魏、晋人讲老、庄之学的文字,不见新义。这些译笔都不能做到"达"的地步。东晋时候,后秦主姚兴聘龟兹僧鸠摩罗什为国师,主持译事。他兼通华语及西域语;所译诸书,一面曲从华语,一面不失本旨。他的译笔可也不完全华化,往往有"天然西域之语趣";他介绍的"西域之语趣"是华语所能容纳的,所以觉得"天然"。新文体这样成立在他的手里。但他的翻译虽能

"达",却还不能尽"信";他对原文是不太忠实的。到了唐代的玄奘,更求精确,才能"信""达"兼尽,集佛典翻译的大成。

这种新文体一面增扩了国语的词汇,也增扩了国语的句式。词汇的增扩,影响最大而易见,如现在口语里还用着的"因果""忏悔""刹那"等词,便都是佛典的译语。句式的增扩,直接的影响比较小些,但像文言里常用的"所以者何""何以故"等也都是佛典的译语。另一面,这种文体是"组织的、解剖的"。这直接影响了佛教徒的注疏和"科分"之学,间接影响了一般解经和讲学的人。

演释古人的话的有"故""解""传""注"等。用故事来说明或补充原文,叫作"故"。演释原来辞意,叫作"解"。但后来解释字句,也叫作"故"或"解"。"传",转也,兼有"故""解"的各种意义。如《春秋左氏传》补充故事,兼阐明《春秋》辞意。《公羊传》《穀梁传》只阐明《春秋》辞意——用的是问答式的记言。《易传》推演卦爻辞的意旨,也是铺排的记言。《诗毛氏传》解释字句,并给每篇诗作小序,阐明辞意。"注"原只解释字句,但后来也有推演辞意、补充故事的。用故事来说明或补充原文,以及一般的解释辞意,大抵明白易晓。《春秋》三传和《诗毛氏传》阐明辞意,却是断章取义,甚至断句取义,所以支离破碎,无中生有。

注字句的本不该有大出入,但因对于辞意的见解不同,去取字义,也有各别的标准。注辞意的出入更大。像王弼注《周易》,实在是发挥老、庄的哲学;郭象注《庄子》,更是借了《庄子》发挥他自己的哲学。南北朝人作群经"义疏",一面便是王弼等人的影响,一面是翻译文体的间接影响。这称为"义疏"之学。

汉晋人作群经的注,注文简括,时代久了,有些便不容易通晓。南北朝人给这些注作解释,也是补充材料,或推演辞意。"义疏"便是这个。无论补充或推演,都得先解剖文义;这种解剖必然地比注文解剖经文更精细一层。这种精细的却不算是破坏的解剖,似乎是佛典翻译的影响。就中推演辞意的有些也只发挥老、庄之学,虽然也是无中生有,却能自成片段,便比汉人的支离破碎进步。这是王弼等人的衣钵,也是魏晋以来哲学发展的表现。这是又一种新文体的分化。到了唐修《五经正义》,削去玄谈,力求切实,只以疏明注义为重。解剖字句的工夫,至此而极详。宋人所谓"注疏"的文体,便成立在这时代。后来清代的精详的考证文,就是从这里变化出来的。

不过佛典只是佛典,义疏只是义疏,当时没有人将这些当作"文"的。"文"只用来称"沈思翰藻"的作品。但"沈思翰藻"的"文",渐渐有人嫌"浮""艳"了。"浮"是不直说、不简洁说的意思。"艳"正是隋代李谔《上文帝书》中所指斥的:"连篇累牍,不出月露之形,积案盈箱,唯是风云之状。"那时北周的苏绰是首先提倡复古的人,李谔等纷纷响应。但是他们都没有找到路子,死板地模仿古人到底是行不通的。唐初,陈子昂提倡改革文体,和者尚少。到了中叶,才有一班人"宪章六艺,能探古人述作之旨",而元结、独孤及、梁肃最著。他们作文,主于教化,力避排偶,辞取朴拙。但教化的观念,广泛难以动众,而关于文体,他们不曾积极宣扬,因此未成宗派。开宗派的是韩愈。

韩愈，邓州南阳（今河南南阳）人。唐宪宗时，他做刑部侍郎，因谏迎佛骨被贬；后来官至吏部侍郎，所以称为韩吏部。他很称赞陈子昂、元结复古的功劳，又曾请教过梁肃、独孤及。他的脾气很坏，但提携后进，最是热肠。当时人不愿为师，以避标榜之名；他却不在乎，大收其弟子。他可不愿做章句师，他说师是"传道授业解惑"的。他实在是以文辞为教的创始者。

他所谓"传道"，便是传尧、舜、禹、汤、文、武、周公、孔子、孟子的道；所谓"解惑"，便是排斥佛、老。他是以继承孟子自命的；他排佛、老，正和孔子的拒杨、墨一样。当时佛、老的势力极大，他敢公然排斥，而且因此触犯了皇帝。这自然足以惊动一世。他并没有传了什么新的道，却指示了道统，给宋儒开了先路。他的重要的贡献，还在他所提倡的"古文"上。

他说他作文取法《尚书》《春秋》《左传》《周易》《诗经》，以及《庄子》《楚辞》《史记》、扬雄、司马相如等。《文选》所不收的经子史，他都排进"文"里去。这是一个大改革、大解放。他这样建立起文统来。但他并不死板地复古，而以变古为复古。他说，"惟古于辞必己出，降而不能乃剽贼"，又说，"惟陈言之务去，戛戛乎其难哉"；他是在创造新语。他力求以散行的句子换去排偶的句子，句读总弄得参参差差的。但他有他的标准，那就是"气"。他说，"气盛则言之短长与声之高下者皆宜"；"气"就是自然的语气，也就是自然的音节。他还不能跳出那定体"雅言"的圈子而采用当时的白话；但有意地将白话的自然音节引到文里去，他是第一个人。

在这一点上，所谓"古文"也是不"古"的；不过他提出

"语气流畅"（气盛）这个标准，却给后进指点了一条明路。他的弟子本就不少，再加上私塾的，都往这条路上走，文体于是乎大变。这实在是新体的"古文"，宋代又称为"散文"——算成立在他的手里。

柳宗元与韩愈，宋代并称；他们是好朋友。柳作文取法《书》《诗》《礼》《春秋》《易》，及《穀梁》《孟》《荀》《庄》《老》《国语》《离骚》《史记》，也将经、子、史排在"文"里，和韩的文统大同小异。但他不敢为师，"摧陷廓清"的劳绩比韩差得多。他的学问见解，却在韩之上，并不墨守儒言。他的文深幽精洁，最工游记；他创造了描写景物的新语。韩愈的门下有难易两派。爱易派主张新而不失自然，李翱是代表。爱难派主张新就不妨奇怪，皇甫湜是代表。当时爱难派的流传盛些。他们矫枉过正，语艰意奥，扭曲了自然的语气，自然的音节，僻涩诡异，不易读诵。所以唐末宋初，骈体文又回光返照了一下。雕琢的骈体文和僻涩的古文先后盘踞着宋初的文坛。直到欧阳修出来，才又回到韩愈与李翱，走上平正通达的古文的路。

韩愈抗颜为人师而提倡古文，形势比较难；欧阳修居高位而提倡古文，形势比较容易。明代所称唐宋八大家，韩、柳之外，六家都是宋人。欧阳修为首；以下是曾巩、王安石、苏洵和他的儿子苏轼、苏辙。曾巩、苏轼是欧阳修的门生，别的三个也都是他提拔的。他真是当时文坛的盟主。韩愈虽然开了宗派，却不曾有意的立宗派；欧、苏是有意的立宗派。他们虽也提倡道，但只促进了并且扩大了古文的发展。欧文主自然。他所作纡徐曲折，而能条达疏畅，无艰难劳苦之态；最以言情见长，评者说是从

《史记》脱化而出。曾学问有根柢，他的文确实而谨严；王是政治家，所作以精悍胜人。三苏长于议论，得力于《战国策》《孟子》；而苏轼才气纵横，并得力于《庄子》。他说他的文"随物赋形"，"常行于所当行，常止于不可不止"；又说他意到笔随，无不尽之处。这真是自然的极致了。他的文，学的人最多。南宋有"苏文熟，秀才足"俗谚，可见影响之大。

欧、苏以后，古文成了正宗。辞赋虽还算在古文里头，可是从辞赋出来的骈体却只拿来作应用文了。骈体声调铿锵，便于宣读，又可铺张辞藻不着边际，便于酬酢，作应用文是很相宜的。所以流传到现在，还没有完全死去。但中间却经过了散文化。自从唐代中叶的陆贽开始。他的奏议切实恳挚，绝不浮夸，而且明白晓畅，用笔如舌。唐末骈体的应用文专称"四六"，却更趋雕琢；宋初还是如此。转移风气的也是欧阳修。他多用虚字和长句，使骈体稍稍近于语气之自然。后群起仿效，散文化的骈文竟成了定体。这也是古文运动的大收获。

唐代又有两种新文体发展。一是语录，一是"传奇"，都是佛家的影响。语录起于禅宗。禅宗是革命的宗派，他们只说法而不著书。他们大胆地将师父们的话参用当时的口语记下来。后来称这种体制为语录。他们不但用这种体制记录演讲，还用来通信和讨论。这是新的记言的体制：里面夹杂着"雅言"和译语。宋儒讲学，也采用这种记言的体制，不过不大夹杂译语。宋儒的影响究竟比禅宗大得多，语录体从此便成立了，盛行了。

传奇是有结构的小说。从前只有杂录或琐记的小说，有结构的从传奇起头。传奇记述艳情，也记述神怪；但将神怪人情化。

这里面描写的人生,并非全是设想,大抵还是以亲切的观察做底子。这开了后来佳人才子和鬼狐仙侠等小说的先路。它的来源一方面是俳谐的辞赋,一方面是翻译的佛典故事;佛典里长短的寓言所给予的暗示最多。当时文士作传奇,原来只是向科举的主考官介绍自己的一种门路。当时应举的人在考试之前,得请达官将自己姓名介绍给主考官;自己再将文章呈给主考官看。先呈正经文章,过些时再呈杂文如传奇等,传奇可以见史才、诗、笔、议论,人又爱看,是科举的很好媒介。这样,作者便日见其多了。

到了宋代,又有"话本"。这是白话小说的老祖宗。话本是"说话"的底本;"说话"略同后来的"说书",也是佛家的影响。唐代佛家向民众宣讲佛典故事,连说带唱,本子夹杂"雅言"和口语,叫作"变文";"变文"后来也有说唱历史故事及社会故事的。"变文"便是"说话"的源头;"说话"里也还有演说佛典这一派。"说话"是平民的艺术;宋仁宗很爱听,以后便变为专业,大流行起来了。这里面有说历史故事的,有说神怪故事的,有说社会故事的。"说话"渐渐发展,本来由一个或几个同类而不相关联的短故事,引出一个同类而不相关联的长故事的,后来却能将许多关联的故事组织起来,分为"章回"了。这是体制上一个大进步。

话本留存到现在的已经很少,但还足以见出后世的几部小说名著,如元罗贯中的《三国演义》,明施耐庵的《水浒传》,吴承恩的《西游记》,都是从话本演化出来的;不过这些已是文人的作品,而不是话本了。就中《三国演义》还夹杂着"雅言",《水浒传》和《西游记》便都是白话了。这里除《西游记》以设想为主外，别的都可以说是写实的。这种写实的作风在清代曹雪芹的《红楼梦》里得着充分的发展。《三国演义》等书里的故事虽然是关联的，却不是连贯的。到了《红楼梦》，组织才更严密了；全书只是一个家庭的故事。虽然包罗万有，而能"一以贯之"。这不但是章回小说，而且是近代所谓"长篇小说"了。白话小说到此大成。

明代用八股文取士，一般文人都镂心刻骨地去简练揣摩，所以极一代之盛。"股"是排偶的意思；这种体制，中间有八排文字互为对偶，所以有此称——自然也有变化，不过"八股"可以说是一般的标准——又称"四书"文，因为考试里最重要的文字，题目都出在"四书"里。又称"制艺"，因为这是朝廷法定的体制。又称为"时文"，是对古文而言。八股文也是推演经典辞意的；它的来源，往远处说，可以说是南北朝义疏之学，往近处说，便是宋元两代的经义。但它的格律，却是从"四六"演化的。宋代定经义为考试科目，是王安石的创制；当时限用他的群经"新义"，用别说的不录，元代考试，限于"四书"，规定用朱子的章句和集注。明代制度，主要的部分也是如此。

经义的格式，宋末似乎已有规定的标准，元明两代大体上递相承袭。但明代有两种大变化：一是排偶，二是代古人语气。因为排偶，所以讲究声调。因为代古人语气，便要描写口吻；圣贤要像圣贤口吻，小人要像小人的。这是八股文的仅有的本领，大概是小说和戏曲的不自觉的影响。八股文格律定得那样严，所以得简练揣摩，一心用在技巧上。除口吻、技巧和声调之外，八股文里是空洞无物的。而因为那样难，一般作者大都只能套套滥调，那真是"每下愈况"了。这原是君主牢笼士人的玩意儿，但它的影响极大；明清两代的古文大家几乎没有一个不是八股文出身的。

清代中叶，古文有桐城派，便是八股文的影响。诗文作家自己标榜宗派，在前只有江西诗派，在后只有桐城文派。桐城派的势力，绵延了二百多年，直到民国初期还残留着；这是江西派比不上的。桐城派的开山祖师是方苞，而姚鼐集其大成。他们都是安徽桐城人，当时有"天下文章在桐城"的话，所以称为桐城派。方苞是八股文大家。他提倡归有光的文章，归也是明代八股文兼古文大家。方是第一个提倡"义法"的人。他论古文以为《六经》和《论语》《孟子》是根源，得其枝流而义法最精的是《左传》《史记》，其次是《公羊传》《穀梁传》《国语》《国策》，两汉的书和疏，唐宋八家文——再下怕就要数到归有光了。这是他的，也是桐城派的，文统论。

"义"是用意，是层次；"法"是求雅、求洁的条目。雅是纯正不杂，如不可用语录中语、骈文中丽语、汉赋中板重字法、诗歌中俊语、《南北史》中佻巧语以及佛家语。后来姚鼐又加上注疏语和尺牍语。洁是简省字句。这些"法"其实都是从八股文的格律引申出来的。方苞论文，也讲"阐道"；他是信程、朱之学的，不过所入不深罢了。

方苞受八股文的束缚太甚，他学得的只是《史记》、欧、曾、归的一部分，只是严整而不雄浑，又缺乏情韵。姚鼐所取法的还是这几家，虽然也不雄浑，却能"迂回荡漾，余味曲包"，这是他的新境界。《史记》本多含情不尽之处，所谓远神的。欧文颇得此味，归更向这方面发展——最善述哀，姚简直用全力揣摩。他的老师刘大櫆指出作文当讲究音节，音节是神气的迹象，可以从字句下手。姚鼐得了这点启示，便从音节上用力，去求得那绵邈的情韵。他的文真是所谓"阴与柔之美"。他最主张诵读，又最讲究虚助字，都是为此。但这分明是八股文讲究声调的转变。刘是雍正副榜，姚是乾隆进士，都是用功八股文的。当时汉学家提倡考据，不免烦琐的毛病。姚鼐因此主张义理、考据、词章三端相济，偏废的就是"陋"儒。但他的义理不深，考据多误，所有的还只是词章本领。他选了《古文辞类纂》，序里虽提到"道"，书却只成为古文的典范。书中也不选经子史；经也因为太尊，子史却因为太多。书中也选辞赋。这部选本是桐城派的经典，学文的必由于此，也只须由于此。方苞评归有光的文庶几"有序"，但"有物之言"太少。曾国藩评姚鼐也说一样的话，其实桐城派都是如此。攻击桐城派的人说他们空疏浮浅，说他们范围太窄，全不错；但他们组织的技巧，言情的技巧，也是不可抹杀的。

姚鼐以后，桐城派因为路太窄，渐有中衰之势。这时候仪征阮元提倡骈文正统论。他以《文选序》和南北朝"文""笔"的分别为根据，又扯上传为孔子作的《易传·文言》，他说用韵用偶的才是文，散行的只是笔，或是"直言"的"言"，"论难"的"论"。古文以立意、记事为宗，是子史正流，终究与文章有别。《文言传》多韵语、偶语，所以孔子才题为"文"言。阮元所谓韵，兼指句末的韵与句中的"和"而言。原来南北朝所谓"文""笔"，本有两义："有韵为文，无韵为笔"，是当时的常言——韵只是句末韵。阮元根据此语，却将"和"也算是韵，这是曲解一。梁元帝说有对偶、谐声调的抒情作品是文,骈体的章奏与散体的著述都是笔。阮元却只以散体为笔,这是曲解二。至于《文言传》,固然称"文",却也称"言",况且非孔子所作——这更是附会了。他的主张虽然也有一些响应的人,但是不成宗派。

曾国藩出来,中兴了桐城派。那时候一般士人,只知作八股文;另一面汉学宋学的门户之争,却越来越厉害,各走偏锋。曾国藩为补偏救弊起见,便就姚鼐义理、考据、词章三端相济之说加以发扬光大。他反对当时一般考证文的芜杂琐碎,也反对当时崇道贬文的议论,以为要明先王之道,非精研文字不可;各家著述的见道多寡,也当以他们的文为衡量的标准。桐城文的病在弱在窄,他却能以深博的学问、弘通的见识、雄直的气势,使它起死回生。他才真回到韩愈,而且胜过韩愈。他选了《经史百家杂钞》,将经、史、子也收入选本里,让学者知道古文的源流,文统的一贯,眼光便比姚鼐远大得多。他的幕僚和弟子极众,真是登高一呼,群山四应。这样延长了桐城派的寿命几十年。

但"古文不宜说理",从韩愈就如此。曾国藩的力量究竟也没有能够补救这个缺陷于一千年之后。而海通以来,世变日亟,事理的繁复,有些绝非古文所能表现。因此聪明才智之士渐渐打破古文的格律,放手作去。到了清末,梁启超先生的"新文体"可算登峰造极。他的文"时杂以俚语、韵语及外国语法,纵笔所至不检束,学者竞效之"。而"条理明晰,笔锋常带情感,对于读者,别有一种魔力"。但这种"魔力"也不能持久;中国的变化实在太快,这种"新文体"又不够用了。

胡适之先生和他的朋友们这才起来提倡白话文,经过"五四运动",白话文是畅行了。这似乎又回到古代言文合一的路。然而不然。这时代是第二回翻译的大时代。白话文不但不全跟着国语的口语走,也不全跟着传统的白话走,却有意地跟着翻译的白话走。这是白话文的现代化,也就是国语的现代化。中国一切都在现代化的过程中,语言的现代化也是自然的趋势,并不足怪的。

中国韵文里头所表现的情感

梁启超

一

天下最神圣的莫过于情感。用理解来引导人，顶多能叫人知道那件事应该做，那件事怎样做法，却是被引导的人到底去做不去做，没有什么关系。有时所知的越发多，所做的倒越发少。用情感来激发人，好像磁力吸铁一般。有多大分量的磁，便引多大分量的铁，丝毫容不得躲闪。所以情感这样东西，可以说是一种催眠术，是人类一切动作的原动力。

情感的性质是本能的，但他的力量，能引人到超本能的境界；情感的性质是现在的，但他的力量，能引人到超现在的境界。我们想入到生命之奥，把我的思想行为和我的生命进合为一，把我的生命和宇宙和众生进合为一，除却通过情感这一个关门，别无他路。所以情感是宇宙间一种大秘密。

情感的作用固然是神圣，但他的本质不能说他都是善的，都是美的。他也有很恶的方面，他也有很丑的方面。他是盲目的，到处乱碰乱迸。好起来好得可爱，坏起来也坏得可怕。所以古来大宗教家、大教育家，都最注意情感的陶养。老实说，是把情感教育放在第一位。情感教育的目的，不外将情感善的、美的方面尽量发挥，把那恶、丑的方面渐渐压伏淘汰下去。这种功夫做得一分，便是人类一分的进步。

情感教育最大的利器，就是艺术。音乐、美术、文学这三件法宝把"情感秘密"的钥匙都掌住了。艺术的权威，是把那霎时间便过去的情感，捉住他令他随时可以再现；是把艺术家自己"个性"的情感，打进别人们的"情阈"里头，在若干期间内占领了"他心"的位置。因为他有怎么大的权威，所以艺术家的责任很重。为功为罪，间不容发。艺术家认清楚自己的地位，就该知道：最要紧的功夫，是要修养自己的情感，极力往高洁纯挚的方面，向上提絜，向里体验。自己腔子里那一团优美的情感养足了，再用美妙的技术把他表现出来，这才不辱没了艺术的价值。

二

我这篇讲演，说的是中国韵文里头所表现的情感。"韵文"是有音节的文字。那范围，三百篇、楚辞起，连乐府歌谣、古近体诗、填词曲本乃至骈体文都包在内（但骈体文征引较少）。我所征引的只凭我记忆力所及，自然不能说完备。但这些资料，不过借来举例，倒不在乎备不备。我想怎么多也够了。我所征引的都是极普通脍炙人口的作品，绝不搜求隐僻。我想这种作品，合于作品代表的资格。

我这回所讲的,专注重表现情感的方法有多少种?哪样方法我们中国人用得最多,用得最好?至于所表现的情感种类,我也很想研究。但这回不及细讲,只能引起一点端绪。我讲这篇的目的,是希望诸君把我所讲的做基础,拿来和西洋文学比较,看看我们的情感,比人家谁丰富?谁寒俭?谁浓挚?谁浅薄?谁高远?谁卑近?我们文学家表示情感的方法,缺乏的是哪几种?先要知道自己民族的短处,去补救他,才配说发挥民族的长处。这是我讲演的深意。现在请入本题。

三

向来写情感的,多半是以含蓄蕴藉为原则。像那弹琴的弦外之音,像吃橄榄的那点回甘味儿,是我们中国文学家所最乐道。但是有一类的情感,是要忽然奔进一泻无余的。我们可以给这类文学起一个名,叫作"奔进的表情法"。例如,碰着意外的过度的刺激,大叫一声或大哭一场或大跳一阵,在这种时候,含蓄蕴藉是一点用不着。例如《诗经》:

蓼蓼者莪,匪莪伊蒿。哀哀父母,生我劬劳。(《蓼莪》)
彼苍者天,歼我良人!如可赎兮,人百其身。(《黄鸟》)

前一章是父母死了,悲痛到极处。"哀哀……劬劳"八个字连泪带血迸出来。后一章是秦穆公用人来殉葬,看的人哀痛怜悯的情感,迸在这四句里头,成了群众心理的表现。

风萧萧兮易水寒,壮士一去兮不复还!

这是荆轲行刺秦始皇临动身时,他的朋友高渐离歌来送他,只用两句话,一点扭捏也没有,却是对于国家、对于朋友的万斛情感,都全盘表出了。

古乐府里头有一首《箜篌引》,不知何人所作:据说是有一个狂夫,当冬天早上在河边"被发乱流而渡",他的妻子从后面赶上来要拦他,拦不住,溺死了。

他妻子作了一首"引",是:

公无渡河!公竟渡河!堕河而死,将奈公何。

又有一首《陇头歌》,也不知谁人所作,大约是一位身世很可怜的独客。

那歌有两叠,是:

陇头流水,流离四下;念吾一身,飘然旷野。
陇头流水,鸣声呜咽;遥望秦川,肝肠断绝。

这些都是用极简单的语句,把极真的情感尽量表出;真所谓"一声《河满子》,双泪落君前"。你若要多著些话,或是说得委婉些,那么真面目完全丧掉了。

力拔山兮气盖世!时不利兮骓不逝!骓不逝兮可奈何!虞兮

虞兮奈若何!(《垓下歌》)

大风起兮云飞扬!威加海内兮归故乡!安得猛士兮守四方!(《大风歌》)

前一首是项羽在垓下临死时对着他爱妾虞姬唱的;把英雄末路的无限情感都涌现了。后一首是汉高祖做了皇帝过后回到故乡,对那些父老唱的,一种得意气概尽情流露。

陟彼北芒兮,噫!顾瞻帝京兮,噫!宫阙崔巍兮,噫!民之劬劳兮,噫!辽辽未央兮,噫!(《五噫歌》)

这一首是后汉时梁鸿作的,满肚子伤世忧民的热情,叹了五口大气,尽情发泄,极文章之能事。

上邪!我欲与君相知,长命无绝衰。山无陵,江水为竭,冬雷震震,夏雨雪,天地合,乃敢与君绝。(《上邪》)

这类一泻无余的表情法,所表的十有九是哀痛一路。这首歌却是写爱情,像这样斩钉截铁的赌咒,正表示他们的恋爱到"白热度"。

正式的五七言诗用这类表情法的很少,因为多少总受些格律的束缚,不能自由了。要我在各名家诗集里头举例,几乎一个也举不出(也许是我记不起)。独有表情老手的杜工部有一首最为怪诞。

剑外忽传收蓟北,初闻涕泪满衣裳。却看妻子愁何在,漫卷诗书喜欲狂。

白日放歌须纵酒，青春作伴好还乡。即从巴峡穿巫峡，便下襄阳向洛阳。

凡诗写哀痛、愤恨、忧愁、悦乐、爱恋，都还容易；写欢喜真是难。即在长短句和古体里头也不易得，这首诗是近体，个个字受"声病"的束缚，他却作得如此淋漓尽致！那一种手舞足蹈的情形，读了令人发怔。据我看过去的诗没有第二首比得上了。

此外，这种表情法我能举得出的很少。近代人吴梅村，诗格本不算高，但他的集中却有一首，确能用这种表情法。那题目我记不真，像是《送吴季子出塞》。他劈空来恁么几句：

人生千里与万里，黯然消魂别而已！君独何为至于此？
山非山兮水非水，生非生兮死非死。……

他送的人叫作吴汉槎，是前清康熙间一位名士，因不相干的事充军到黑龙江，许多人替他叫冤，都有诗送他，梅村这首算是最好；好处是把无穷的冤抑，用几句极粗重的话表尽了。

词里头这种表情法也很少，因为词家最讲究缠绵悱恻，也不是写这种情感的好工具。若勉强要我举个例，那么辛稼轩的《菩萨蛮》上半阕：

郁孤台下清江水，中间多少行人泪。西北望长安，可怜无数山。……

这首词是在徽、钦二宗北行所经过的地方题壁的，稼轩是比岳飞稍为晚辈的一位爱国军人，带着兵驻在边界，常常想要恢复中原。但那时小朝廷的君臣都不许他；到了这个地方，忽然受很大的刺激，由不得把那满腔热泪都喷出来了。

吴梅村临死的时候，有一首《贺新郎》，也是写这一类的情感，那下半阕是：

故人慷慨多奇节，为当年、沉吟不断，草间偷活。艾灸眉头瓜喷鼻，今日须难决绝。早患苦，重来千叠。脱屣妻孥非易事，竟一钱不值何须说。……

梅村因为被清廷强迫了当"贰臣"，心里又恨又愧，到临死时才尽情发泄出来，所以很能动人。

曲本写这种情感，应该容易些，但好的也不多。以我所记得的独《桃花扇》里头，有几段很见力量。那《哭主》一出写左良玉在黄鹤楼开宴，正饮得热闹时，忽然接到崇祯帝殉国的急报，唱道：

高皇帝，在九京，不管亡家破鼎。那知你圣子神孙，反不如飘蓬断梗！十七年忧国如病，呼不应天灵祖灵，调不来亲兵救兵。白练无情，送君王一命！……

宫车出，庙社倾，破碎中原费整。养文臣帷幄无谋，豢武夫疆场不猛。到今日山残水剩，对大江月明浪明，满楼头呼声哭声。这恨怎平，有皇天作证。……

那《沉江》一出，写清兵破了扬州，史可法从围城里跑出，要到南京，听见福王已经投降，哀痛到极，迸出来几句话：

抛下俺断蓬船，撇下俺无家犬！呼天叫地千百遍，归无路进又难前！……累死英雄，到此日看江山换主，无可留恋。

唱完了这一段，就跳下水里死了。跟着有一位志士赶来，已经救他不及，便唱道：

……谁知歌罢剩空筵？长江一线，吴头楚尾路三千，尽归别姓，雨翻云变！寒涛东卷，万事付空烟！……

这几段，我小时候读它，不知淌了几多眼泪。别人我不知道，我自己对于满清的革命思想，最少也有一部分受这类文学的影响。它感人最深处，是一个个字，都带着鲜红的血呕出来。虽然比前头所举那几个例说话多些，但在这种文体不得不然，我们也不觉得它话多。

凡这一类，都是情感突变，一烧烧到"白热变"；便一毫不隐瞒，一毫不修饰，照那情感的原样子，迸裂到字句上。我们既承认情感越发真、越发神圣，讲真，没有真得过这一类了。这类文学，真是和那作者的生命分劈不开。——至少也是当他作出这几句话那一秒钟时候，语句和生命是迸合为一。这种生命是要亲历其境的人自己创造，别人断乎不能替代。如"壮士不还""公无渡河"等类，大家都容易看出是作者亲历的情感。即如《桃花扇》

这几段，也因为作者孔云亭是一位前明遗老（他里头还有一句说：哪晓得我老夫就是戏中之人？），这些沉痛，都是他心坎中原来有的，所以写得能够如此动人。所以这一类我认为情感文中之圣。

这种表现法，十有九是表悲痛，表别的情感，就不大好用。我勉强找，找得《牡丹亭·惊梦》里头：

原来姹紫嫣红开遍，似这般都付与断井颓垣！

这两句的确是属于奔迸表情法这一类。他写情感忽然受了刺激，变换一个方向，将那霎时间的新生命迸现出来，真是能手。

我想悲痛以外的情感，并不是不能用这种方式去表现。他的诀窍，只是当情感突变时，捉住他"心奥"的那一点，用强调写到最高度。那么，别的情感，何尝不可以如此呢？苏东坡的《水调歌头》便是一个好例：

明月几时有？把酒问青天。不知天上宫阙，今夕是何年？我欲乘风归去，又恐琼楼玉宇，高处不胜寒。……

这全是表现情感一种亢进的状态；忽然得着一个"超现世的"新生命。令我们读起来，不知不觉也跟着到他那新生命的领域去了。

这种情感的这种表现法，西洋文学里头恐怕很多，我们中国却太少了。我希望今后的文学家，努力从这方面开拓境界。

中国文学过去与来路

胡　适

诸位！近四十年来，在事实上，中国的文学多半偏于考据，对于新文学殊少研究，以我专从事研究学术与思想的人去讲文学，颇觉不当，但"既来之，则安之"，所以也不得不说几句话。我觉得文学有三方面：一是历史的，二是创造的，三是鉴赏的。历史的研究固甚重要，但创造方面更是要紧，而鉴赏与批评也是不可偏废的。

马幼渔先生在中国文学系设文学讲演一科，可谓开历来的新纪元，如有天才的人，再加以指导、批评，则其天才当有更大的进展。马先生本来是约我和徐志摩先生作第一次讲演的，不幸得很，志摩死了，只好我来作第一次讲演，以后当讲一讲徐先生的作品。今天讲的题目是"中国文学过去与来路"。这好像是店家看看账一样，究竟是货物的来路如何，再去结算一下总账。过去大约有四条来路——来路也就是来源。

第一，来源于实际的需要。

譬如吾人到研究室里去，看看甲骨文字，上面有许多写着某月某日祭祀，等等。巴比伦之砖头，上面写信，写着某某人。我们中国以前也用竹简或木简，近来在西北所发现的竹简很多，像这些祭祀、通信、卜辞、报告等都是因为实际的需要才有的，这些是记事的体裁，如《墨子》《庄子》等书，也都是为着实际的需要才逼出来的。

第二，来源于民间。

人的感情在各种压迫之下，就不免表现出各种劳苦与哀怨的感情，像匹夫匹妇、旷男怨女的种种抑郁之情，表现出来，或为诗歌，或为散文，由此起点，就引起后来的种种传说故事，如"三百篇"大都是民间匹夫匹妇、旷男怨女的哀怨之声，也就是民间半宗教半记事的哀怨之歌。后来五言诗、七言诗，以至公家的乐府，它们的来源也都是由此而起的。如今之舞女，所唱的歌，或为文人所作给她们唱的；又如，诗词、小说、戏曲，皆民间故事之重演，像《诗经》、《楚辞》、五言诗、七言诗，这都是由民间文学而来。

第三，来源于国家所规定的考试。

国家规定一种考试的体裁，拿这种文章的体裁去考试人才，这是一种极其机械的办法。如唐朝作赋，前八字一定为破题，以后就变为八股了，这是机械的，越机械越好，像五言律诗、七言律诗，都是这一种的东西，这没有什么价值，但是它的影响却大。中国五六百年来，均受此种影响，这也可说是一条来路。

第四，来源于外国文学。

中国不幸得很，因为处的地势与环境的关系，没有哪一国给中国以新的体裁。只有一条路，即印度。中国受了印度不少的影响，如小说、诗歌、记事之故事，等等，都是受了它的熏染与陶冶的。我们中国不受它的影响，也许会有小说、诗歌、戏曲，但没有它，绝不能给我们以绝大之力量的进展。吾人相信受它的影响，比自身当有五六百倍之大，因为我们先人给予我们不过是一些简单之文字，如"子曰……诗云……"等，而想象力又很薄弱，吾民族可谓极简单极朴实之民族。如《离骚》之想象力，尚称较为丰富，但其思想充其量亦不过想到上天下地而已。印度就大不然了，如《般若经》等，不唯想到天上有天，以至三十三重天，而且想到大千世界，以至无数的天；又如，《维摩诘经》不过为一简单之小说，吾人却当一经典，到处风行；再如，《法华经》，以及其他各种经典，讲佛家的故事，讲释迦牟尼成佛的故事……能给予吾人以有兴趣的深切的感觉，不知不觉也随之到了一种佛的境界，这种力量是何等地重大，思想是何等地高深啊！像《西游记》《封神榜》这一类的书，都是受了它们绝大的影响的，譬如俗语说"看了《西游记》，到老不成器。看了《封神榜》，到老不像样"。这些话都足以证明此二书风行之普遍，与灌输民间思想之深入。其实这两种书描写的不受事实之拘束，与想象力之解放，都是受了印度佛教的思想，他们这种想象力之解放与奔腾，实为吾思想简单朴实之民族所不能及。前在敦煌石室，发现种种佛家文学，亦甚重要。

总之，如无印度文学，绝不会产生像《西游记》《封神榜》这一类有价值的东西，它实在直接间接地给予吾人以各种丰富的想象，吾人才会产生好的文学来。

这四条路，第三条虽是与中国文学影响很大，但是有害的，没有什么价值,最重要还是第二条路的民间文学,占一个甚重要的位置。中国文学史没有生气则已,稍有生气者皆自民间文学而来。前与傅斯年先生在巴黎时谈起民间文学有四个时期:第一个时期是诗词、歌谣,本身的自然风行民间。第二个时期,是由民间的体裁传之于文人,一些文人们也仿着这种体裁作起民间的文学来。第三个时期,是他们自己在文学里感觉着无能,于是第一流的文学家的思想也受了影响,他们的感情起了冲动,也以民间的文学作为体裁而产生出一种极伟大的文学,这可以说是一个很纯粹的时期。第四个时期,是公家以之作成乐府,此时期可谓最出风头了。但是到了极高峰,后来又慢慢地低落下来了,如乐府《陌上桑》是顶好的文学作品,后来就有人摹仿着作《陌上桑》,如胡适之又摹仿那个摹仿作《陌上桑》的人作《陌上桑》,后来又有人摹仿胡适之作起来,这样以至无穷无穷,才慢慢地变为下流。如词曲、小说,都是这样,先有王实甫、曹雪芹、施耐庵等,后来就有摹仿他们,以至低落下去,这样一来,是很危险的。

民间文学,一般士大夫(外国所谓之 Gentleman)向来看不起它们,这是因为:

第一缺陷,来路不高明,它们出身微贱,故所产生的东西,士大夫们就视作雕虫小技,《诗经》是他们所不敢轻视的,因为是圣人所订,《楚辞》为半恋爱半爱国的热烈沉痛的感情奔放作品,故站得住;五七言诗为曹氏所扶植,因他们为帝王,故亦站得住;词曲、小说,不免为小道,皆为其出身微贱的缘故。

第二缺陷,因为这些是民间细微的故事,如婆婆虐待媳妇啰，丈夫与妻子吵了架……那些题目、材料，都是本地风光，变来变去，都是很简单的，如五七言诗、词曲等也是极简单不复杂的，这是匹夫匹妇、旷男怨女思想的简单和体裁的幼稚的缘故，来源不高明，这也是一个极大的缺陷。

第三缺陷，为传染，如民间浅薄的、荒唐的、迷信的思想互相传染。

第四缺陷，为不知不觉之所以作，凡去写文艺的，是无意地传染与摹仿，并非有意地去描写，这一点甚关重要，中国两千五百年的历史，可谓无一人专心致意地来研究文学，可谓无一人专心致意地来创造文学！这种缺陷是不可以道里计的。到了唐朝，韩退之、白香山等深感觉骈文流行之不便，才把他们认为古文的改为散文，这种运动，可说是一种文学运动，两千五百年无一人有此种运动，十四年前有新文学运动，亦为此一种，这是由无意地传染一变而为有意地研究。

新文学的来路，也就两条：

（一）就是民间文学，如现今大规模地搜集民间歌谣故事等；帮助新文学的开拓，实非浅鲜。

（二）除印度外，即为欧洲文学，我们新的文学，受欧洲影响极大。欧洲文学，最近两三百年如诗歌、小说等皆自民间而来，第一流人物，把这种文学看作专门事业，当成一种极高贵的、极有价值的终身职业，他们倡导文学的是极有名的人，如华茨华斯（William Wordsworth，1770—1850，今译华兹华斯）、莫泊桑（Maupassant，1850—1893）等都是倡导文学的第一等人才，他们的文学并非由外传染，而是由内心的创造，他们是重视文学的，有这种种缘故，所以才能产生出伟大的作品。

我们的新文学，现在我们才知道有所谓自然主义、浪漫主义、写实主义、象征主义、心理分析……种种派别之不同，并非小道可比，这是我们受了西洋文学的洗礼的结果。

今日替诸位算一算旧账，现在当教授的也提倡民间文学，以新的眼光新的方法去看待它，也许从两千五百年以来要开辟一条新的道路。

文学小言

王国维

一

昔司马迁推本汉武时学术之盛,以为利禄之途使然。余谓一切学问皆能以利禄劝,独哲学与文学不然。何则?科学之事业,皆直接间接以厚生利用为旨,古未有与政治及社会上之兴味相刺谬者也。至一新世界观与新人生观出,则往往与政治及社会上之兴味不能相容。若哲学家而以政治及社会之兴味为兴味,而不顾真理之如何,则又绝非真正之哲学。以欧洲中世哲学之以辩护宗教为务者,所以蒙极大之污辱,而叔本华所以痛斥德意志大学之哲学者也。文学亦然;餔餟的文学,绝非真正之文学也。

二

文学者,游戏的事业也。人之势力用于生存竞争而有馀,于是发而为游戏。婉娈之儿,有父母以衣食之,以卵翼之,无所谓争存之事也。其势力无所发泄，于是做种种之游戏。逮争存之事亟，而游戏之道息矣。唯精神上之势力独优，而又不必以生事为急者，然后终身得保其游戏之性质。而成人以后，又不能以小儿之游戏为满足，放是对其自己之感情及所观察之事物而摹写之，咏叹之，以发泄所储蓄之势力。故民族文化之发达，非达一定之程度，则不能有文学；而个人之汲汲于争存者，绝无文学家之资格也。

三

人亦有言，名者利之宾也。故文绣的文学之不足为真文学也，与餔餟的文学同。古代文学之所以有不朽之价值者，岂不以无名之见者存乎？至文学之名起，于是有因之以为名者，而真正文学乃复托放不重于世之文体以自见。逮此体流行之后，则又为虚玄矣。故模仿之文学，是文绣的文学与餔餟的文学之记号也。

四

文学中有二原质焉：曰景，曰情。前者以描写自然及人生之事实为主，后者则吾人对此种事实之精神的态度也。故前者客观的，后者主观的也；前者知识的，后者感情的也。自一方面言之，则必吾人之胸中洞然无物，而后其观物也深，而其体物也切；即客观的知识，实与主观的感情为反比例。自他方面言之，则激烈之感情，亦得为直观之对象、文学之材料；而观物与其描写之也，亦有无限之快乐伴之。要之，文学者，不外知识与感情交代之结果而已。苟无锐敏之知识与深遂之感情者，不足与于文学之事。此其所以但为天才游戏之事业，而不能以他道劝者也。

五

古今之成大事业大学问者，不可不历三种之阶级："昨夜西风凋碧树，独上高楼，望尽天涯路。"（晏同叔《蝶恋花》）此第一阶级也。"衣带渐宽终不悔，为伊消得人憔悴。"（欧阳永叔《蝶恋花》）此第二阶级也。"众里寻他千百度，回头蓦见，那人正在灯火阑珊处。"（辛幼安《青玉案》）此第三阶级也……未有未阅第一、第二阶级，而能遽跻第三阶级者。文学亦然。此有文学上之天才者，所以又需莫大之修养也。

六

三代以下之诗人，无过于屈子、渊明、子美、子瞻者。此四子者若无文学之天才，其人格亦自足千古。故无高尚伟大之人格，而有高尚伟大之文学者，殆未之有也。

七

天才者，或数十年而一出，或数百年而一出，而又须济之以学问，帅之以德性，始能产真正之大文学。此屈子、渊明、子美、子瞻等所以旷世而不一遇也。

八

"燕燕于飞，差池其羽。""燕燕于飞，颉之颃之。""睍睆黄鸟，载好其音。""昔我往矣，杨柳依依。"诗人体物之妙，侔于造化，然皆出于离人孽子征夫之口，故知感情真者，其观物亦真。

九

"驾彼四牡，四牡项领。我瞻四方，蹙蹙靡所骋。"以《离骚》《远游》数千言言之而不足者，独以十七字尽之，岂不诡哉！然以讥屈子之文胜，则亦非知言者也。

十

屈子感自己之感，言自己之言者也。宋玉景差感屈子之所感，而言其所言；然亲见屈子之境遇，与屈子之人格，故其所言，亦殆与言自己之言无异。贾谊、刘向其遇略与屈子同，而才则逊矣。王叔师以下，但袭其貌而无真情以济之。此后人之所以不复为楚人之词者也。

十一

屈子之后，文学上之雄者，渊明其尤也。韦、柳之视渊明，其如贾、刘之视屈子乎！彼感他人之所感，而言他人之所言，宜其不如李、杜也。

十二

宋以后之能感自己之感，言自己之言者，其唯东坡乎！山谷可谓能言其言矣，未可谓能感所感也。遗山以下亦然。若国朝之新城，岂徒言一人之言已哉？所谓"莺偷百鸟声"者也。

十三

诗至唐中叶以后,殆为羔雁之具矣。故五季、北宋之诗(除一二大家外),无可观者,而词则独为其全盛时代。其诗词兼擅如永叔、少游者,皆诗不如词远甚。以其写之于诗者,不若写之于词者之真也。至南宋以后,词亦为羔雁之具,而词亦替矣(除稼轩一人外)。观此足以知文学盛衰之故矣。

十四

上之所论,皆就抒情的文学言之(《离骚》、诗词皆是)至叙事的文学(谓叙事诗、诗史、戏曲等,非谓散文也),则我国尚在幼稚之时代。元人杂剧,辞则美矣,然不知描写人格为何事。至国朝之《桃花扇》,则有人格矣,然他戏曲则殊不称是。要之,不过稍有系统之词,而并失词之性质者也,以东方古文学之国,而最高之文学无一足以与西欧匹者,此则后此文学家之责矣。

十五

抒情之诗,不待专门之诗人而后能之也。若夫叙事,则其所需之时日长,而其所取之材料富。非天才而又有暇日者不能。此诗家之数之所以不可更仆数,而叙事文学家殆不能及百分之一也。

十六

《三国演义》无纯文学之资格,然其叙关壮缪之释曹操,则非大文学家不办。《水浒传》之写鲁智深,《桃花扇》之写柳敬亭、苏昆生,彼其所为,固毫无意义。然以其不顾一己之利害,故犹使吾人生无限之兴味,发无限之尊敬,况于观壮缪之矫矫者乎?若此者,岂真如汗德所云,实践理性为宇宙人生之根本欤?抑与现在利己之世界相比较,而益使吾人兴无涯之感也?则选择戏曲小说之题目者,亦可以知所去取矣。

十七

吾人谓戏曲小说家为专门之诗人,非谓其以文学为职业也。以文学为职业,餔餟的文学也。职业的文学家,以文学为生活;专门之文学家,为文学而生活。今餔餟的文学之途,盖已开矣。吾宁闻征夫思妇之声,而不屑使此等文学嚣然污吾耳也。

略说中西文化

熊十力

文化的根柢在思想。思想原本性情。性情之熏陶，不能不受影响于环境。中西学术思想之异，如宗教思想发达与否，哲学路向同否，科学思想发展与否，即此三大端，中西显然不同。此其不同之点，吾以为就知的方面说，西人勇于向外追求，而中人特重反求自得。就情言，西人大概富于高度的坚执之情，而中人则务调节情感，以归于中和。（不独儒者如此，道家更务克治其情，以归恬淡。）西人由知的勇追与情之坚执，其在宗教上追求全知全能的大神之超越感，特别强盛。稍易其向，便由自我之发见而放弃神的观念，既可以坚持自己知识即权力，而有征服自然，建立天国于人间之企图。西人宗教与科学，形式虽异，而其根本精神未尝不一也。

中国人非无宗教思想，庶民有五祀与祖先，即多神教。上层人物亦有天帝之观念，即一神教。但因其知力不甚喜向外追逐，而情感又戒其坚执，故天帝之观念，渐以无形转化，而成为内在的自本自根之本体或主宰，无复有客观的大神；即在下层社会，祭五祀与祖先，亦渐变为行其心之所安的报恩主义，而不必真有多神存在，故祭如在之说，实中国上下一致之心理也。中国人唯反求诸己，而透悟自家生命，与宇宙元来不二。孔子赞《易》，明乾元统天。乾元，仁也。仁者，本心也。即吾人与万物同具之生生不息的本体。无量诸天，皆此仁体之显现，故曰统天。夫天且为其所统，而况物之细者乎？是乃体物而不遗也。孟子言万物皆备于我，参考《新唯识论》语体本《明心章》。庄生言独与天地精神往来，灼然物我同体之实。此所以不成宗教，而哲学上，会物归己，用僧肇语，陆子静言宇宙不外吾心，亦深透。于己自识，即大本立。此中己字，非小己之谓。

科学思想，中国人非贫乏也。天、算、音律与药物诸学，皆远在五帝之世。指南针自周公。必科学知识，已有相当基础，而后有此重大发明。未可视为偶然也。工程学在六国时，已有秦之李冰，其神巧所臻，今人犹莫能阶也。非斯学讲之有素，岂可一蹴而几乎？张衡候地震仪，在东汉初。可知古代算学已精，汉人犹未失坠。余以为周世诸子百家之书，必多富于科学思想，秦以后渐失其传。即以儒家六籍论，所存几何？孔门三千七十，《论语》所记，亦无灵语。况百家之言，经秦人摧毁，与六国衰亡之散佚，又秦以后大一统之局，人民习守固陋，其亡失殆尽，无足怪者。

余不承认中国古代无科学思想。但以之与希腊比较，则中国古代科学知识，或仅为少数天才之事，而非一般人所共尚。此虽出于臆测，而由儒道诸籍，尚有仅存，百家之言，绝无授受，两相对照，则知古代科学知识非普遍流行，故其亡绝，易于儒道诸子。此可谓近乎事实之猜度，不必果为无稽之谈也。中国古代一般人嗜好科学知识不必如希腊人之烈。古代由儒家反己之学，自孔子集二帝三王之大成以来，素为中国学术思想界之正统派，及道家思想与儒术并行之情形以观，正可见中国人知不外驰，情无僻执，乃是中国文化从晚周发原便与希腊异趣之故。

希腊人爱好知识，向外追求，其勇往无前的气概与活泼泼的生趣，固为科学思想所由发展之根本条件，而其情感上之坚执不舍，复是其用力追求之所以欲罢不能者。此知与情之两种特点，如何养成，吾以为环境之关系最大。希腊人海洋生活，其智力以习于活动而自易活跃。其情感则饱历波涛汹涌而无所震慑，故养成坚执不移之操。中国乃大陆之国，神州浩博，绿野青天，浑沦无间，生息其间者，上下与天地同流，神妙万物，无知而无不知。（妙万物者，谓其智周万物而实不滞于物也。不琐碎以逐物求知，故曰无知。洞彻万物之原，故曰无不知。）彼且超越知识境界，而何事兀遽外求，侈小知以自丧其浑全哉？儒者不反知，而毕竟超知；道家直反知，亦有以也。

夫与天地同流者，情冥至真而无情，即荡然亡执矣。执者，情存乎封畛也。会真则知亡（有知，则知与真为二，非会真也），而情亦丧（妄情不起曰丧），故无执也。知亡情丧，超知之境，至人之诣也。儒道上哲，均极乎此。其次，虽未能至，而向往在是也。

中国文学以《三百篇》与《骚经》为宗。《三百篇》首《二南》，《二南》皆于人生日用中，见和乐之趣，无所执，无所悲也。《骚经》怀亡国昏主托于美人芳草，是已移其哀愤之情，聊作消遣。昔人美《离骚》不怨君。其实，亡国之怨，如执而不舍，乃人间之悲剧，即天地之劲气也。后世小说写悲境必以喜剧结，亦由情无所执耳。使其有坚执之情，则于缺憾处，必永为不可弥缝之长恨，将引起人对于命运或神道与自然及社会各方面提出问题，而有奋斗与改造之愿望。若于缺憾而虚构团圆，正见其情感易消逝而无所固执。在己无力量，于人无感发。后之小说家承屈子之流而益下，未足尚也。要之中国人鲜坚执之情，此可于多方面征述，兹不暇详。

就哲学上超知之诣言，非知不外驰，情无僻执，无由臻此甚深微妙境界。然在一般人，并不能达于哲学上最高之境，而不肯努力向外追求，以扩其知。又无坚执之情，则其社会未有不趋于委靡，而其文化，终不无病菌之存在。中国人诚宜融摄西洋以自广，但吾先哲长处，毕竟不可舍失。

或问：西方文化无病菌乎？答曰：西洋人如终不由中哲反己一路，即终不得实证天地万物一体之真，终不识自性，外驰而不反（只向外求知，而不务反求诸己。知识愈多，而于人生本性日益茫然），长沦于有取，以丧其真（有取一词，借用佛典。取者，追求义）。略言之，如知识方面之追求，则以理为外在，而努力向外穷索，如猎者之疲于奔逐。而其神明恒无超脱之一境，卒不得默识本原，是有取之害也。欲望方面之追求，则凡名利、权力种种，皆其所贪得无厌而盲目以追逐之者，甚至为一己之野心与偏见，及为一国家一民族之私利而追求不已，构成滔天大祸，卒以毁人者自毁。此又有取之巨害也。是焉得无病菌乎！中西文化宜互相融和，以反己之学立本，则努力求知，乃依自性而起大用，无逐末之患也。并心外驰，知见纷杂，而不见本原，无有归宿，则其害有不可胜言者矣。中西学术，合之两美，离则两伤。

文学的派别

章太炎

什么是文学？据我看来，有文字著于竹帛叫作"文"，论彼的法式叫作"文学"。文学可分有韵、无韵二种：有韵的今人称为"诗"，无韵的称为"文"。古人却和这种不同。《文心雕龙》说："今之常言，有文有笔，有韵者文也，无韵者笔也。"范晔自述《后汉书》说："文患其事尽于形，情急于藻，义牵其旨，韵移其意，政可类工巧图绩，竟无得也；手笔差易，文不拘韵故也。"可见有韵在古谓之"文"，无韵在古谓之"笔"了。不过作无韵的固是用笔，作有韵的也何尝不用笔，这种分别，觉得很勉强，还不如后人分为"诗""文"二项的好。

古时所谓文章，并非专指文学。孔子称"尧、舜焕乎其有文章"，是把"君臣朝廷尊卑贵贱之序，车舆衣服宫室饮食嫁娶丧祭之分"叫作"文"，"八风从律，百度得数"叫作"章"。换句话说：文章就是"礼""乐"。后来范围缩小，文章专指文学而言。

一、无韵文

文学中有韵、无韵二项,后者比前者多。我们现在先讨论无韵的文。在讨论文的派别之先,把文的分类讲一讲,并列表以清眉目。

我们普通讲文,大概指集部而言,那经、史、子,文非不佳,而不以文称。但上表所列文的分类中,以"传"而论,"四史"中列传已在集部以外,"本纪"、"世家"和"传"是同性质的,也非集部所有,集部只有"家传"。以"论"而论、除了文人单篇的论文,也有在集部以外的。譬如,庄子《齐物论》,荀子《礼论》《乐论》,贾谊《过秦论》都是子部所有的。以"序"而论,也只单篇的,集中所已备;那连合的序,若《四库提要》,就非集部所有。至如"编年史"中《左传》《资治通鉴》之类和"名人年谱",都是记事文,也非集部所能包了。

"传"是记述某人的一生或一事,我们所普通见到的。明人以为没曾做过史官,不应替人作"传",我以为太拘了。史官所作,是卿相名人的"传"。那普通人的"传",文人当然可以作的。

"行述""状"和"传"各不相同。"状"在古时只有几句考语,用以呈诸考功之官,凭之以定谥法。自唐李翱以为"状"仅凭考语不能定谥法,乃定"状"亦须叙事,就与"传"相同。"行述"须叙事,形式与"传"虽相同而用处不同。

"碑"原非为个人而作,若秦"峄山碑"是纪始皇的功绩,汉裴岑"纪功碑"是记破西域的事迹,差不多都是关于国家大事的。就以"庙碑"而论,虽为纪事,也不是纯为纪事的。只有墓上之碑,才是为个人而作。"碑""碣"实质是一样的,只大小长短不同。唐五品以上可用"碑",六品以下都用"碣"的。

"表"和"碑"、"碣"都不同,没有大小长短的区别,说到彼等的内质,"传"是纪事的,"状"是考语兼纪事的,"碑"是考语多,后附有韵的铭,间有纪事,也略而不详。宋以后"碑"和"传"只有首尾的不同了。"表",宋后就没有"铭",在汉时有"表记""表颂"的不同,"表颂"是有"铭"的。汉以前没有"墓志",西晋也很少,东晋以后才多起来。这也因汉人立碑过多,东晋下令禁碑,"墓志"藏在墓内,比较便当一些。

北朝和唐并不禁碑,而墓志很流行:(一)官品不及的,(二)官品虽大曾经犯罪的,(三)节省经费的,都以此为便。"墓志"的文章,大都敷衍交情,没有什么精采。至很小的事,记述大都用"书事"或"记"等。

单篇论文,在西汉很少,就是《过秦论》也见贾子《新书》中的。东汉渐有短论,延笃《仁孝先后论》可算是首创。晋人好谈名理,"论说"乃出。这种论文,须含陆士衡文赋所说"精微流畅"那四字的精神。

"奏",秦时所无,有之自汉始。汉时奏外尚有"封事",是奏密事用的。奏,有的为国家大事,有的为个人的事,没有定规的。"议",若西汉《石渠议》《盐铁论》《白虎通》,都是合集许多人而成的。后来,凡议典礼,大都用"议"的。

"书",在古时已有,差不多用在私人的往还,但古人有"上书",则和"奏记"差不多,也就是现今的"说帖"和"禀"。

至如刘歆《移让太常博士书》，却又和"移文"一样了。

"序"，也是古所已有，如《序卦》《书序》《诗序》都是的，刘向《别录》和《四库提要》也是这一类。后人大概自著自作，或注释古书附加一序的。古人的"题词"和"序"相同，赵岐注《孟子》，一"序"一"题词"，都用在前面。

"跋"，大都在书后，体裁和序无不同之处。

纪事论议而外，尚有集部所无的，如：

（一）数典之文：

1. 官制。如《周礼》《唐六典》《明清会典》之类。

2. 仪注。《仪礼》《唐开元礼》等皆是。

3. 刑法。如《汉律》《唐律》《明律》《清律》之类。

4. 乐律。如宋《律吕正义》、清《燕乐考原》等。

5. 书目。如刘向《别录》，刘歆《七略》，王俭、阮孝绪《七录》《七志》，宋《崇文书目》，清《四库提要》之类。

（二）习艺之文：

1. 算术。如《九章算法》《圜法》之类。

2. 工程。如《周礼·考工记》，徐光启的《龙骨车》《玉衡车》之类。

3. 农事。如北魏《齐民要术》、元王桢《农书》、明徐光启《农政全书》之类。

4. 医书。如《素问》《灵枢》《伤寒论》《千金要方》之类。

5. 地志。如《禹贡》《周礼·职方志》《水经》《水道提纲》《乾隆府厅州县志》《方舆志略》之类。

以上各种，文都佳绝，也非集部所具的，所以我们目光不可专注在集部。

文学的分类既如上述,我们再进一步讨论文学的派别:

经典之作,原非为文,诸子皆不以文称。《汉书·贾谊传》称贾谊"善属文",文乃出。西汉一代,贾谊、董仲舒、太史公、枚乘、邹阳、司马相如、扬雄、刘向,称为"文人",但考《汉书》所载赵充国的奏疏,都卓绝千古,却又不以"文人"称,这是什么缘故呢?想是西汉所称"文人",并非专指行文而言,必其人学问渊博,为人所推重,才可算文人的。东汉班彪著《王命论》,班固著《两都赋》,以及蔡邕、傅毅之流,是当时著称的文人。但东汉讲政治若崔寔《政论》、仲长统《昌言》,说经若郑康成之流,行文高出诸文人上,又不以文名了。在西汉推尊文人,大概注目在淹博有学问一点,东汉推尊的文人,有些不能明白了。东西汉文人在当时并无派别,后人也没曾有人替他们分成派别的。

三国时曹家父子三人(操、丕、植)文名甚高。操以《诏令》名,丕以《典论》名,植以《求自试表》等称。人们所以推尊他们,还不以其文,大都是以诗推及其文的。徐干诗不十分好,《中论》一书也不如仲长统所著而为当时所称。吴中以张昭文名为最高,我们读他所著,也无可取,或者以道德而推及其文的。陆家父子(逊、抗、凯、云、机)都以文名,而以陆机为尤,他是开晋代文学之先的。晋代潘、陆虽并称,但人之尊潘终不如陆,《抱朴子》中有赞陆语,《文中子》也极力推尊他,唐太宗御笔赞也只有陆机、王羲之二人,可见人们对他的景仰了。

自陆出,文体大变:两汉壮美的风气,到了他变成优美了;

他的文，平易有风致，使人生快感的。晋代文学和汉代文学，有大不同之点。汉代厚重典雅，晋代华妙清妍，差不多可以说一是刚的，一是柔的。东晋好谈论而无以文名者，骈文也自此产生了。南北朝时傅季友（宋人）骈体殊佳，但不能如陆机一般舒卷自如，后此任昉、沈约辈每况斯下了。到了徐、庾之流，去前人更远，对仗也日求精工，典故也堆叠起来，气象更是不雅淡了。至当时不以文名而文极佳的，如著《崇有论》的裴頠，著《神灭论》的范缜等，更如，孔琳（宋）、萧子良（齐）、袁翻（北魏）的奏疏，干宝、袁宏、孙盛、习凿齿、范晔的史论，我们实在景仰得很。在南北朝文家亦无派别，只北朝人好摹仿南朝，因此有推尊任昉的、有推尊沈约的等不同。北朝至周，文化大衰，到了隋代，更是文不成文了。

唐初文也没有可取，但轻清之气尚存，若杨炯辈是以骈兼散的。中唐以后，文体大变，变化推张燕公、苏许公为最先，他们行文不同于庾也不同于陆，大有仿司马相如的气象。在他们以前，周时有苏绰，曾拟《大诰》，也可说是他们的滥觞。韩、柳的文，虽是别开生面，却也从燕、许出来，这是桐城派不肯说的。中唐萧颖士、李华的文，已渐趋于奇。德宗以后，独孤及的行文，和韩文公更相近了。后此韩文公、柳宗元、刘禹锡、吕温，都以文名。

四人中以韩、柳二人最喜造词，他们是主张词必己出的。刘、吕也爱造词，不过不如韩、柳之甚。韩才气大，我们没见他的雕琢气；柳才小，就不能掩饰。韩之学生皇甫湜、张籍，也很欢喜造词。晚唐李翱别具气度，孙樵佶屈聱牙，和韩也有不同。

骈体文，唐代推李义山，渐变为后代的"四六体"，我们把他和陆机一比，真有天壤之分。唐人常称孟子、荀卿，也推尊贾谊、太史公，把晋人柔曼气度扫除净尽，返于汉代的"刚"了。

宋苏轼称韩文公"文起八代之衰"，人们很不佩服。他所说八代，也费端详。有的自隋上推合南朝四代及晋、汉为八代，这当然不合的；有的自隋上推合北朝三代及晋、汉、秦为八代，那是更不合了。因为司马迁、贾谊是唐人所极尊的，东坡何至如此糊涂？有的自隋上推合南朝四代、北朝三代为八代，这恰是情理上所有的。

宋初承五代之乱，已无文可称；当时大都推重李义山，"四六体"渐盛，我们正可以说李义山是承前启后的人，以前是骈体，以后变成四六了。北宋初年，柳开得《韩昌黎集》读之，行文自以为学韩，考之实际，和韩全无关系，但宋代文学，他实开其源。以后穆修、尹洙辈也和四六离异，习当时的平文（古文一名，当时所无），尹洙比较前人高一着。北宋文人以欧阳修、"三苏"、曾、王为最著。欧阳本习四六，后来才走入此途，同时和他敌对，首推宋祁。祁习韩文，著有《新唐书》，但才气不如韩。他和欧阳交情最深，而论文极不合。他的长兄宋郊，习燕、许之文，和他也不同。

明人称"唐宋八大家"，因此使一般人以为唐宋文体相同。实在唐文主刚，宋文主柔，极不相同。欧阳和韩，更格格不相入。韩喜造词，所以对于李观、樊宗师的文很同情。欧阳极反对造词，所以"天地轧，万物茁，圣人发"等句，要受他的"红勒帛"。并且"黇犷塞耳，前旒蔽明"二语，见于《大戴礼》，欧阳未曾读过，就不以为然，它无论矣。"三苏"以东坡为最博，洵、辙不过尔尔。王介甫才高，读书多，造就也较多。曾子固读书亦多，但所作《乐记》，只以大话笼罩，比《原道》还要空泛。有人把他比刘原甫，一浮一实，拟于无伦了。宋人更称曾有经术气，更堪一笑！

南宋文调甚俗，开科举文之端。这项文东坡已有雏形，只未十分显露，后来相沿而下，为明初宋濂辈的台阁体。中间在元代虽有姚燧、虞集辈尚有可观，但较诸北宋已是一落千丈。

宋代不以文名而文佳者，如刘敞、司马光辈谨严厚重，比欧阳高一等，但时人终未加以青目，这也是可惜的。

明有"前七子""后七子"之分。"前七子"（李梦阳等）恨台阁体；"后七子"（王世贞等）自谓学秦、汉，也很庸俗。他们学问都差于韩、苏，摹拟不像，后人因此讥他们为伪体。归有光出，和"后七子"中王世贞相抗敌，王到底不能不拜他的下风。归所学的是欧、曾二家，确能入其门庭，因此居伪体之上。正如孟子所说，"五谷不熟，不如荑稗"的了！

桐城派，是以归有光为鼻祖，归本为昆山人，后来因为方、姚兴自桐城，乃自为一派，称文章正宗。归讲格律、气度甚精工，传到顾亭林有《救文》一篇，讲公式禁忌甚确，规模已定。清初汪琬学归氏甚精，可算是归氏的嫡传，但桐城派不引而入之，是纯为地域上的关系了。

方苞出，步趋归有光，声势甚大，桐城之名以出。方行文甚谨严，姚姬传承他的后，才气甚高，也可与方并驾。但桐城派所称刘大櫆，殊无足取，他们竟以他是姚的先生，并且是桐城人，就凭意气收容了，因此引起"阳湖"和他对抗。阳湖派以恽敬、张惠言为巨子。惠言本师事王灼，也是桐城派的弟子。他们嫉恶桐城派独建旗帜，所以分裂的，可惜这派传流不能如桐城派的远而多。姚姬传弟子甚多，以管同、梅曾亮为最。梅精工过于方、姚，体态也好，惜不甚大方，只可当作词曲看。

曾国藩本非桐城人，因为声名煊赫，桐城派强引而入之。他的著作，比前人都高一著。归、汪、方、姚都只能学欧、曾。曾才有些和韩相仿佛，所以他自己也不肯说是桐城的。桐城派后裔吴汝纶的文，并非自桐城习来，乃自曾国藩处授得的。清代除桐城而外，汪中的文也卓异出众，他的叙事文与姚相同，骈体文又直追陆机了。

我们平心论之，文实在不可分派。言其形式，原有不同，以言性情才力，各各都不相同，派别从何分起呢？我们所以推重桐城派，也因为学习他们的气度格律，明白他们的公式禁忌，或者免除那台阁派和七子派的习气罢了。

他们所告诉我们的方式和禁忌，就是：

（一）官名地名应用现制。

（二）亲属名称应仍《仪礼·丧服》《尔雅·释亲》之旧。

（三）不俗——忌用科举滥调。

（四）不古。

（五）不枝。

二、有韵文

我们在此可以讨论有韵文了。有韵文是什么？就是"诗"。

有韵文虽不全是诗,却可以归在这一类。在古代文学中,诗而外,若"箴",全是有韵的;若"铭",虽杂些无韵,大部分是有韵的;若"诔",若"像赞",若"史述赞",若"祭文",也有有韵的,也有无韵的。那无韵的,我们可归之于文;那有韵的可归之于诗了。至于《急就章》《千字文》《百家姓》、"医方歌诀"之类,也是有韵的,我们也不能不称之为诗。前次曾有人把《百家姓》可否算诗来问我,我可以这么答道:"诗只可论体裁,不可论工拙。《百家姓》既是有韵,当然是诗。"总之,我们要先确定有韵为诗、无韵为文的界限,才可以判断什么是诗。像《百家姓》之流,以工拙论,原不成诗,以形式论,我们不能不承认它是诗。

诗以广义论,凡有韵是诗;以狭义论,则唯有诗可称诗。什么可称诗?《周礼·春官》称六诗,就是风、赋、比、兴、雅、颂。但是后来赋与诗离,所谓比、兴也不见于《诗经》。究竟当日的赋、比、兴是怎样的,已不可考。后世有人以为赋、比、兴就在《风》《雅》《颂》之中,《郑志》张逸问:"何诗近于比、赋、兴?"答曰:"比、赋、兴,吴札观诗时,已不歌也。孔子录诗,已合《风》《雅》《颂》中,难复摘别,篇中义多兴,此谓比、赋、兴,各有篇什。自孔子涒杂第次而毛公独旌表兴,其比、赋俄空焉。圣者颠倒而乱形名,大师偏幪而失邻类。"

郑康成(郑玄)《六艺论》也说《风》《雅》《颂》中有赋、比、兴。《毛传》在《诗》的第一节偶有"兴也"二字,朱文公也就自我作古,把"比也""赋也"均添起来了。我以为《诗》中只有《风》《雅》《颂》,没有赋、比、兴。左氏说:"《彤弓》

《角弓》，其实《小雅》也；吉甫作诵，其风肆好，其实《大雅》也。"考毛公所附"兴也"的本义，也和赋、比、兴中的"兴"不同，只不过像乐府中的"引""艳"一样。

"六诗"本义何在？我们除比、兴不可考而外，其余都可溯源而得之：

（一）风。《诗小序》："风者上以风化下，下以风刺上。"我以为风的本义，还不是如此。风是空气的激荡，气出自口就是风，当时所谓风，只是口中所讴唱罢了。

（二）颂。"颂"在《说文》就是"容"字，《说文》中"容"只有纳受的意义，这"颂"字才有形容的意义。《诗小序》谓"颂者美盛德之形容"，我们于此可想见古人的颂是要"式歌式舞"的。

（三）赋。古代的赋，原不可见，但就战国以后诸赋看来都是排列铺张的。古代凡兵事所需，由民间供给的谓之"赋"，在收纳民赋时候，必须按件点过。赋体也和按件点过一样，因此得名了。

（四）雅。这项的本义，比较地难以明白：《诗小序》说："雅者正也。"雅何以训作正？历来学者都没有明白说出，不免引起我们的疑惑。据我看来，"雅"在《说文》就是"鸦"，"鸦"和"乌"音本相近，古人读这两字也相同的，所以我们也可以说"雅"即"乌"。《史记·李斯传·谏逐客书》《汉书·杨恽传·报孙会宗书》均有"击缶而歌乌乌"之句，人们又都说"乌乌"秦音也。秦本周地，乌乌为秦声，也可以说乌乌为周声。又商有颂无雅，可见雅始于周。从这两方面看来，"雅"就是"乌乌"

的秦声，后人因为他所歌咏的都是庙堂大事，因此说"雅"者正也。

《说文》又训"雅"为"疋"，这两字音也相近。"疋"的本义，也无可解，《说文》训"疋"为"足"，又说："疋，记也。"大概"疋"就是后人的"疏"，后世的"奏疏"，也就是记。《大雅》所以可说是"疋"，也就因为《大雅》是记事之诗。

我们明白这些本义，再去推求《诗经》，可以明白了许多。太史公在《孔子世家》说："古者诗三千余篇，及至孔子，去其重，取可施于礼义，上采契、后稷，中述殷、周之盛，至幽、厉之缺，始于衽席。故曰《关雎》之乱以为《风》始，《鹿鸣》为《小雅》始，《文王》为《大雅》始，《清庙》为《颂》始，三百五篇，孔子皆弦歌之以求合韶、武、雅、颂之音。"可见古诗有三千余篇。有人对于三千余篇，有些怀疑，以为这是虚言。

据我看来，这并非虚言。《风》《雅》《颂》已有三百余篇，考他书所见逸诗，可得六百余篇；若赋、比、兴也有此数，就可得千二百篇了。《周礼》称九德六诗之歌，可见六诗以外，还有所谓九德之歌。在古代盛时，"官箴、占繇皆为诗，所以序《庭燎》称'箴'，《沔水》称'规'，《鹤鸣》称'诲'，《祈父》称'刺'，诗外更无所谓官箴，辛甲诸篇，也在三千之数"。我们以六诗为例，则九德也可得千八百篇：合之已有三千篇之数，更毋庸怀疑。至于这三千篇删而为三百篇，是孔子所删，还是孔子以前已有人删过呢？我们无从查考。不过孔子开口就说诵诗三百，恐怕在他以前，已有人把诗删过了！

大概三千篇诗太复杂，其中也有诵世系以劝戒人君，若《急就章》之流，使学者厌于讽诵。至若比、赋、兴虽依情志，又复广博多华，不宜声乐，因此十五流中删取其三，到了孔子不过整齐彼的篇第不使凌乱罢了。

《诗经》只有《风》《雅》《颂》，赋不为当时所称，但是到了战国，赋就出来了。屈原、孙卿都以赋名：孙卿以《赋》《成相》分二篇题号已别。屈原《离骚》诸篇，更可称为卓立千古的赋。《七略》次赋为四家：一曰屈原赋，二曰陆贾赋，三曰孙卿赋，四曰杂赋。屈原的赋是道情的，孙卿的赋是咏物的，陆贾赋不可见，大概是"纵横"之变。后世言赋者，大都本诸屈原。汉代自从贾生《惜誓》上接《楚辞》，《鵩鸟》仿佛《卜居》，司马相如自《远游》流变而为《大人赋》，枚乘自《大招》《招魂》散而为《七发》，其后汉武帝《悼李夫人》、班婕妤《自悼》，以及淮南、东方朔、刘向辈大都自屈、宋脱胎来的。至模拟孙卿的，也有之，如《鹦鹉》《鹡鸰》诸赋都能时见一端的。

三百篇以后直至秦代，无诗可见。一到汉初，诗便出来了。汉高祖《大风歌》，项羽《虞兮歌》（《垓下歌》），可说是独创的诗。此后五言诗的始祖，当然要推《古诗十九首》。这十九首中据《玉台新咏》指定九首是枚乘作的，可见这诗是西汉的产品。至苏武、李陵赠答之诗，有人疑是东汉时托拟的。这种五言诗多言情，是继四言诗而起的，因为四言诗至三百篇而至矣尽矣，以后继作，都不能比美，汉时虽有四言诗，若韦孟之流，才气都不及，我们总觉得很淡泊。至碑铭之类（峄山碑等）又是和颂一般，非言情之作，其势非变不可，而五言代出。

汉代雅已不可见，《郊祀歌》之流，和颂实相类似，四言而外，也有三言的，也有七言的。此后颂为用甚滥，碑铭称"颂"，也是很多的。

汉代文人能为赋未必能以诗名，枚乘以诗长，他的赋却也不甚著称。东汉一代，也没有卓异的诗家，若班固等，我们只能说是平凡的诗家。

继"十九首"而振诗风，当然要推曹孟德（曹操）父子。孟德的四言，上不模拟《诗经》，独具气魄，其他五言七言诸诗，虽不能如十九首的冲淡，但色味深厚，读之令人生快。魏文帝和陈思王的诗，也各有所长，同时刘桢、王粲辈毕竟不能和他们并驾。钟嵘《诗品》评古诗十九首说是"一字千金"，我们对于曹氏父子的诗，也可以这样说他，真所谓："其气可以抗浮云，其诚可以比金石。"

语曰："在心为志，发言为诗。"可见诗是发于性情。三国以前的诗，都从真性情流出，我们不能指出某句某字是佳，他们的好处，是无句不佳无字不佳的。曹氏父子而后，就不能如此了。

曹氏父子而后，阮籍以《咏怀诗》闻于世。他本好清谈，但所作的诗，一些也没有这种气味。《诗品》称阮诗出于《离骚》，真是探源之论，不过陈思王的诗，也出自《离骚》，阮的诗还不能如他的一般痛快。

晋初左思《咏史诗》《招隐诗》风格特高，与曹不同，可说是独开一派。在当时他的诗名不著，反而陆机、潘岳辈以诗称。我们平心考察：陆诗散漫，潘诗较整饬，毕竟不能及左思，他们也只可以说是作赋的能手罢了。当时所以不看重左思，也因他出身微贱，不能像潘、陆辈身居贵胄的缘故。《诗品》评诗，也不免于徇俗，把左思置在陆、潘之下，可为浩叹！其他若张华的诗，《诗品》中称他是"儿女情多，风云气少"。我们读他的诗意，只觉得是薄弱无力量，所谓儿女情多，也不知其何所见而云然，或者我们没曾看见他所著的全豹，那就未可臆断了！

东晋清谈过甚，他们的"清谈诗"，和宋时"理学诗"一般可厌。他们所作的诗，有时讲讲庄、老，有时谈谈佛理，像孙绰、许询辈都是如此。孙绰《天台山赋》有"大虚辽廓而无阂，运自然之妙有"等句，是前人所不肯用的。《诗品》说他们的诗，已是"风骚体尽"，很是不错。在东晋一代中无诗家可称，但刘琨《扶风歌》等篇，又是诗中佳品，以武人而能此，却也可喜！

陶渊明出，诗风一振，但他的诗终不能及古人，《诗品》评为"隐逸之诗"。他讲"田舍风味"，极自然有风致，也是独树一帜。在他以前，描写风景的诗很少，至他专以描写风景见长，如"采菊东篱下，悠然见南山"之句，真古人所不能道。渊明以后，谢灵运和颜延之二家继他而起。谢描摹风景的诗很多，句调精练，《诗品》说他是"初出芙蓉"。颜诗不仅描风景，作品中也有雕刻气，所以推为诗家，或以颜学问渊博之故。《诗品》评颜谓为"镂金错彩"。陶诗脱口自然而出，并非揉作而成，虽有率尔之词，我们总觉得可爱。如谢诗就有十分聱牙之处，我们总可以觉得他是矫作的。小谢（谢朓）写风景很自然，和渊明不相上下，而当时学者终以小谢不及大谢，或者描写风景之诗，大家都爱工巧，所以这般评论。梁代诗家推沈约（永明体自他出），律诗已有雏形了。古诗所以变为律诗，也因谢、颜诗不可讽诵，他因此故而定句调。沈约的律诗，和唐后律诗又不相同。《隋书·

经籍志》载他的《四声谱》有一卷，可见谱中所载调是很多的，并不像唐后律诗这么简单。他的四声谱，我们虽不能见，但读他的诗，比谢、颜是调和些，和陶、小谢却没有什么分别呢。

宋鲍照、齐江淹，也以诗名。鲍有汉人气味，以出身微贱，在当时不甚著称。江善于拟古，自己的创作却不十分高明。

南北朝中，我们只能知道南朝的作品。北朝究竟有无诗家，久已无从考得，但《木兰诗》传自北朝，何等高超，恐怕有些被淹没了呢！

梁末诗又大变，如何逊、阴铿的作品，只有一二句佳绝了。在此时，古今诗辟下一大界限，全篇好是古诗的特色，一二句好是此后的定评。隋杨素诗绝佳，和刘琨可仿佛。此时文人习于南北朝的诗风，爱用典故，并喜雕琢。杨素武人不爱雕琢，亦不能雕琢，所以诗独能过人。当时文人专着眼在一二句好处，对于杨素不甚看重。所以隋炀帝为了忌嫉"空梁落燕泥""庭草无人随意绿"二佳句，就杀两诗人了。

唐初，律诗未出，唐太宗和魏征的诗，和南北朝相去不远。自四杰（骆宾王、王勃、杨炯、卢照邻）出，作品渐含律诗的气味，不过当时只有五言律，并未有七言律。四杰之文很卑微，他们的诗，却有气魄。成就五言的是沈佺期、宋之问，他们的诗，气魄也大，虽有对仗，但不甚拘束。五言古诗到此时也已穷极，五律、七古不能不产生了。唐以前七古虽有，但不完备，至唐始备全。七古初出，若李太白、崔颢的诗，都苍苍茫茫，信笔写去，无所拘忌。李诗更含复古的气味，和同时陈子昂同一步骤。

盛唐诗家以王维、孟浩然、张九龄为最。张多古诗，和李、陈同有复古的倾向。王、孟诗与陶相近，作品中有古诗有律诗，以描写风景为最多，都平淡有意趣。

李、陈、张，三家都是复古诗家，三人中自然推李为才最高。他生平目空古人，自以为在古人之上，在我们看来，他的气自然盛于前人，说他是高于前人恐怕未必。王、孟两家是在古今之间，到了杜甫，才开今派的诗。

杜甫的诗，元稹说他高于李，因为杜立排律之体为李所不及的。据我看来，李诗是成线的，杜诗是成面的，杜诗可说是和"赋"有些相像，必要说杜胜于李，却仍不敢赞同。并且自杜诗开今，流于典故的堆叠，自然的气度也渐渐遗失，为功为罪，未可定论！至于杜的古诗，和古人也相去不远，只排律一体，是由他首创，"子美别开新世界"，就是这么一个世界罢！在杜以前诸诗家，除颜延之而外，没有一个以多用书为贵的，自杜以后，才非用典故，不能夸示于人。或者后人才不如古，以典故文饰，可掩了自己的短处！正如天然体态很美的女子，不要借力于脂粉，那些体态不甚美的，非借此不可了。昌黎的诗，习杜之遗风，更爱用典故，并爱用难识的字，每况愈下了，但自然之风尚存，所以得列于诗林。

韦应物、柳宗元两家，和昌黎虽同时，而作品大不相同。他们有王、孟气味，很自然平淡的。我们竟可以说柳的文和诗截不相同。同时有元微之、白居易二家，又和别家不同。他们随便下笔，说几句民情，有《小雅》的风趣，他们所以见称也以此。

晚唐温庭筠、李义山（李商隐）两家爱讲对仗，和杜甫爱典故是一样的结合，便成宋代的诗风。"西昆体"染此风甚深，所以宋代诗话，专在这些地方留意。

宋初欧阳修、梅圣俞（梅尧臣）对于"西昆体"很反对，但欧阳修爱奇异的诗句，如"水泥行郭索（这句是咏蟹，"郭索"两字见扬子《太玄经》），云木叫钩辀（这句是咏鸠，"钩辀"两字见陆玑《毛诗草木鸟兽虫鱼疏》）"二句，已不可解，他却大加赞赏，和他的论文，大相抵触的。梅圣俞的诗，开考古之源，和古人咏古的诗，又大不相同了。总之，宋人的诗，是合"好对仗、引奇字、考据"三点而成，以此病入膏肓。苏轼的诗，更打破唐诗的规模，有时用些佛典之法理，太随便了。

王荆公（王安石）爱讲诗律，但他的诗律，忽其大者而注重小者，竟说："上句用汉书，下句也要用汉书的。"（按原话为："用汉人语，止可以汉人语对。"《石林诗话》）自此大方气象全失；我们读宋祁"何言汉朴学（《汉书》），反似楚技官（《史记·吴起传》）"之句，再看王维"正法调狂象（佛法），玄言问老龙（《庄子》）"之句，真有天壤之判呢！

有宋一代，诗话很多，无一不深中此病。唯《沧浪诗话》和众不同，他（严羽）说"诗有别才，不关学也；诗有别趣，不关理也"。此种卓见，可扫宋人的习气了。

南宋陆放翁（陆游）含北宋习气也很深，唯有范石湖（范成大）、刘后村（刘克庄）自有气度，与众不同。黄山谷（黄庭坚）出，开江西诗派之源。黄上学老杜，开场两句必对仗，是他们的规律，这一派诗无足取。

元、明、清三代诗甚衰，一无足取。高青邱的诗失之靡靡，七子的诗失之空门面，王渔洋（王士禛）、朱彝尊的诗失之典泽过浓,到了翁方纲以考据入诗,洪亮吉爱对仗,更不成诗。其间稍可人意的,要推查初白的,但也不能望古人之项背。洪亮吉最赏识"足以乌孙涂上茧,头几黄祖座中枭"二句,我们读了只作三日呕!

诗至清末,穷极矣。穷则变,变则通;我们在此若不向上努力,便要向下堕落。所谓向上努力就是直追汉、晋,所谓向下堕落就是近代的白话诗,诸君将何取何从?提倡白话诗人自以为从西洋传来,我以为中国古代也曾有过,他们如要访祖,我可请出来。

唐代史思明(夷狄)的儿子史朝义,称怀王,有一天他高兴起来,也咏一首樱桃的诗:"樱桃一篮子,一半青,一半黄;一半与怀王,一半与周贽。"那时有人劝他,把末两句上下对掉,作为"一半与周贽,一半与怀王",便与"一半青,一半黄"押韵。他怫然道:"周贽是我的臣,怎能在怀王之上呢?"如在今日,照白话诗的主张,他也何妨说:"何必用韵呢?"这也可算白话诗的始祖罢。一笑!

故语新知

为什么要爱国

潘大道

国家在历史上的罪恶,已经不少,现在再要提起爱国这两个字来说,恐怕有些人就不喜欢听了。既然如此,又如何要讨论这个话题呢,因为上海有几位朋友,讨论"为什么要爱国"的问题,作了好几篇文章;其中一位朋友,写信问我意见如何,我正懒得动笔,恰逢晨报周年纪念,征求大家的著作,所以我就将这个问题来讨论一下。

我认为要讨论"为什么要爱国"这个问题,不可不先讨论"我与国家有什么关系"。凡与我们有关系的事物,我们自然会爱它;没有关系,那么要爱也无从爱起。

社会学家认为人的意义有两种:一种是自然人,另一种是文化人。自然人生来便是,文化人乃直接或间接由社会造成的。人若是自来就各个散处,他的性格便不能完全实现;换一句话说,只见得他具备自然人的性格,和动物没有区别。假使与同类聚住,便和动物不同,要发生一种同类意识了。因此互相影响,就产生了风俗、习惯、宗教、道德、文化、美术等种种的社会制度来。个人生在社会里，受这社会的种种熏陶，然后成为一个文化人。我们若是将一个文化人的性格加以剖解：何种是由社会产生的，何种是生来就有的，将那由社会造成的一齐除去，剩的就是一个赤裸裸的动物了。

我尝和一位朋友谈天，他说他要"出世"。我说这句话，从主观的解释，你便是做官，也可以说"出世"如古人所谓"隐于市朝"的话，倒未尝不可；若从客观的解释，世间（社会）是出不了的，你这"出世"的思想还是由世间造出来的。言语是世间的产物，用来表达人类意思的工具；你若不入世，就不会说话；你若要"出世"就不该说话；你一说话，就用了世间的工具，还说"出世"吗？话虽是说笑，却有至理。

总之，人不能离开社会而独立；离开社会，便是自然人，不是文化人。所以有人说"产生人的是父母，造成人的是社会"。人类即不能离开社会而独立，虽在极野蛮未开化的年代，到了某种程度，就有某种特殊社会的发生：因天然的结合而有家族社会，因信仰的结合而有宗教社会，因财货的结合而有经济社会。这各种特殊的社会，平时散散漫漫地都不觉得，到了御外侮的时候，就不能不团结起来，一致对外。这个团结带有政治作用，久而久之，就成了国家。而且那组成社会的个人之间，不能没有冲突的地方；社会既有特殊性质，就各有各的感情，特殊利害，也不能没有冲突的地方。有了冲突，就不能不有个超特殊的社会来尽这个调和整齐的责任。这个超特殊的社会，便是国家。

依历史哲学和社会学的证明，未有社会之前，完全是弱肉强食的动物世界；有了社会，就跟着有习惯、舆论、宗教种种的社会力;然后人的生命财产才有保障。那保障却不太巩固;有了国家,就有法律,就有公权力来做后援;到了社会力变成公权力的时候,那保障就巩固得多了。所以有人说:"必有社会而后人(文化人)的性格才能表现;必有国家而后社会的组织才能完全。"

我并不是以国家为偶像的人,不过从文化史的一方面看来,若是从自来就没有国家这个组织,人类的文化还达不到了这个地步。最远的将来,我不敢说;就现在和最近的将来而论,也还要利用国家这个组织,来满足人类的生活,以为世界统一的地步。简单说一句话,还是不能离掉国家的;不能离掉国家,就不能不爱国了。

说到这里,要请注意:人类是我的最大扩充,国家是我的次大扩充,家族是我的最小扩充。爱我是本来的目的,推而至于爱家、爱国以至于爱人类,都是由爱我一念所发展。爱我非不爱他人,真正的爱我不是利己主义;爱国非不爱人类,真正的爱国,不是帝国主义;这一点不可误会。但来自的国家,都为少数人所占有——君主、军阀、资本家及专业之官僚、政客等,虽不能说多数人毫无利益,实在是保护多数人的利益少,保护少数人的利益多;并且有国家便有政权,因为少数人争政权的缘故,多数人的生命财产往往竟为他们所牺牲。

至于帝国主义的国家,更不用说了。这样的国家,要多数人去爱它,实在是一种不自然的现象。唯有对外的时候,利用种种刺激,唤起那一种恐怖的虚荣的神秘的作用,可以支持一时;好像上了电气一样,电气一过,就渐渐地等于零了;以后自觉的人越多，电气越不中用了。

从心理上说起来，凡遇一件事体，那关系浅薄，纯处于被动地位的人，叫他发生爱情，是不容易的；要想人人爱国，除非人人自动地参与国政，使人人的生活都与国家发生很密切的关系。到了那个时候，不怕他不爱国；只怕他爱之过甚，竟忘却人类了。

所以我对于这个问题的答案，就是——

人不能离社会而独立。在世界未统一以前，国家是一个较统一、较完备的社会，因之人不能离国家而独立；不能离国家，就不能不爱国家，爱国家与爱人类非相反而相成。但这爱出于自然，不出于勉强。君主的或贵族的国家君主或贵族爱它，倒很自然；民众爱它，就勉强了。要民众自然地爱国家，就不能不改造一个民众的国家。民众啊！赶快起来改造啊！

科学精神与东西文化

梁启超

一

近百年来科学的收获如此其丰富：我们不是鸟，也可以腾空；不是鱼，也可以入水；不是神仙，也可以和几百千里外的人答话……诸如此类，哪一件不是受科学之赐？任凭怎么顽固的人，谅来"科学无用"这句话，再不会出诸口了。然而中国为什么直到今日还得不着科学的好处？直到今日依然成为"非科学的国民"呢？我想，中国人对于科学的态度，有根本不对的两点。

其一，把科学看太低了，太粗了。我们几千年来的信条，都说的"形而上者谓之道，形而下者谓之器"，"德成而上，艺成而下"这一类话。多数人以为，科学无论如何如何高深，总不过属于艺和器那部分，这部分原是学问的粗迹，懂得不算稀奇，不懂得不算耻辱。又以为，我们科学虽不如人，却还有比科学更宝贵的学问——什么超凡入圣的大本领，什么治国平天下的大经纶，件件都足以自豪，对于这些粗浅的科学，顶多拿来当一种补助学问就够了。

因为这种故见横亘在胸中，所以从郭筠仙、张香涛这班提倡新学的先辈起，都有两句自鸣得意的话，说什么"中学为体，西学为用"。这两句话现在虽然没有从前那么时髦了，但因为话里的精神和中国人脾胃最相投合，所以话的效力，直到今日，依然为变相的存在。

老先生们不用说了，就算这几年所谓新思潮、所谓新文化运动，不是大家都认为蓬蓬勃勃有生气吗？试检查一检查它的内容，大抵最流行的莫过于讲政治上、经济上这样主义那样主义，我替它起个名字，叫作西装的治国平天下大经纶；次流行的莫过于讲哲学上、文学上这种精神那种精神，我也替它起个名字，叫作西装的超凡入圣大本领。至于那些脚踏实地平淡无奇的科学，试问有几个人肯去讲求？学校中能够有几处像样子的科学讲座？有了，几个人肯去听？出版界能够有几部有价值的科学书，几篇有价值的科学论文？有了，几个人肯去读？我固然不敢说现在青年绝对地没有科学兴味，然而兴味总不如别方面浓。须知，这是积多少年社会心理遗传下来！对于科学认为"艺成而下"的观念，牢不可破，直到今日，还是最爱说空话的人最受社会欢迎。做科学的既已不能如别种学问之可以速成，而又不为社会所尊重，谁肯埋头去学它呢？

其二，把科学看得太呆了、太窄了。那些绝对地鄙厌科学的人且不必责备，就是相对的尊重科学的人，还是十个有九个不了解科学性质。他们只知道科学研究所产结果的价值，而不知道科学本身的价值；他们只有数学、几何学、物理学、化学等概念，而没有科学的概念。他们以为学化学便懂化学，学几何便懂几何；殊不知并非化学能教人懂化学，几何能教人懂几何，实在是科学能教人懂化学和几何。他们以为只有化学、数学、物理、几何等才算科学，以为只有学化学、数学、物理、几何……才用得着科学；殊不知所有政治学、经济学、社会学等，只要够得上一门学问的，没有不是科学。我们若不拿科学精神去研究，便做哪一门子学问也做不成。

中国人因为始终没有懂得"科学"这个字的意义，所以五十年很有人奖励学制船、学制炮，却没有人奖励科学；近十几年学校里都教的数学、几何、化学、物理，但总不见教会人做科学。或者说：只有理科、工科的人们才要科学，我不打算当工程师，不打算当理化教习，何必要科学？中国人对于科学的看法大率如此。我大胆说一句话：中国人对于科学这两种态度倘若长此不变，中国人在世界上便永远没有学问的独立，中国人不久必要成为现代被淘汰的国民。

二

科学精神是什么？我姑从最广义解释："有系统之真知识，叫作科学，可以教人求得有系统之真知识的方法，叫作科学精神。"这句话要分三层说明。

第一层，求真知识。知识是一般人都有的，乃至连动物都有。科学所要给我们的，就争一个"真"字。一般人对于自己所认识的事物，很容易便信以为真；但只要用科学精神研究下来，越研究便越觉求真之难。譬如说"孔子是人",这句话不消研究,总可以说是真,因为人和非人的分别是很容易看见的。譬如说"老虎是恶兽",这句话真不真便待考了。

欲证明它是真,必要研究兽类具备某种某种性质才算恶,看老虎果曾具备了没有。若说老虎杀人算是恶,为什么人杀老虎不算恶?若说杀同类算是恶,只听见有人杀人,从没听见老虎杀老虎,然则人容或可以叫作恶兽,老虎却绝对不能叫作恶兽了。譬如说"性是善",或说"性是不善",这两句话真不真,越发待考了。到底什么叫作"性"?什么叫作"善"?

两方面都先要弄明白。倘如孟子说的性咧、情咧、才咧,宋儒说的义理咧、气质咧,闹成一团糟,那便没有标准可以求真了。譬如说"中国现在是共和政治",这句话便很待考。欲知它真不真,先要把共和政治的内容弄清楚,看中国和它合不合。譬如说"法国是共和政治",这句话也待考。欲知它真不真,先要问"法国"这个字所包范围如何,若安南也算法国,这句话当然不真了。

看这几个例,便可以知道,我们想对于一件事物的性质有真知灼见,很是不容易。要钻在这件事物里头去研究,要绕着这件事物周围去研究,要跳在这件事物高头去研究,种种分析研究结果,才把这件事物的属性大略研究出来,算是从许多相类似容易混杂的个体中,发现每个个体的特征。换一个方向,把许多同有这种特征的事物,归成一类,许多类归成一部,许多部归成一组,如是综合研究的结果,算是从许多各自分离的个体中,发现出它们相互间的普遍性。经过这种种功夫,才许你开口说"某件事物的性质是怎么样"。这便是科学第一件主要精神。

第二层，求有系统的真知识。知识不但是求知道一件一件事物便了，还要知道这件事物和那件事物的关系，否则零头断片的知识全没有用处。知道事物和事物相互关系，而因此推彼，得从所已知求出所未知，叫作有系统的知识。系统有二：一竖，二横。横的系统，即指事物的普遍性——如前段所说。竖的系统，指事物的因果律——有这件事物，自然会有那件事物；必须有这件事物，才能有那件事物；倘若这件事物有如何如何的变化，那件事物便会有或才能有如何如何的变化；这叫作因果律。明白因果，是增加新知识的不二法门，因为我们靠它，才能因所已知，推见所未知；明白因果，是由知识进到行为的向导，因为我们预料结果如何，可以选择一个目的做去。虽然，因果是不轻易谈的：第一，要找得出证据；第二，要说得出理由。因果律虽然不能说都要含有"必然性"，但总是越逼近"必然性"越好，最少也要含有很强的"盖然性"，倘若仅属于"偶然性"的便不算因果律。

譬如说："晚上落下去的太阳，明早上一定再会出来。"说"倘若把水煮过了沸度，它一定会变成蒸汽。"这等算是含有必然性，因为我们积千千万万回的经验，却没有一回例外；而且为什么如此，可以很明白说出理由来。譬如说："冬间落去的树叶，明年春天还会长出来。"这句话便待考。因为再长出来的并不是这片叶，而且这树也许碰着别的变故再也长不出叶来。譬如说："西边有虹霓，东边一定有雨。"这句话越发待考。因为虹霓不是雨的原因，它是和雨同一个原因，或者还是雨的结果。

反过来说："东边有雨，西边一定有虹霓。"这句话也待考。因为雨虽然可以为虹霓的原因，却还需有别的原因凑拢在一处，虹霓才会出来。譬如说："不孝的人要着雷打。"这句话便大大待考。因为虽然我们也曾听见某个不孝人着雷，但不过是偶然的一回，许多不孝的人不见得都着雷，许多着雷的东西不见得都不孝；而且宇宙间有个雷公会专打不孝人，这些理由完全说不出来。譬如说："人死会变鬼。"这句话越发大大待考。因为从来得不着绝对的证据，而且绝对地说不出理由。譬如说："治极必乱，乱极必治。"这句话便很要待考。因为我们从中国历史上虽然举出许多前例，但说治极是乱的原因，乱极是治的原因，无论如何，总说不下去。

譬如说："中国行了联省自治制后，一定会太平。"这话也待考。因为联省自治虽然有致太平的可能性，无奈我们未曾试过。看这些例，便可知我们想应用因果律求得有系统的知识，实在不容易。总要积无数的经验——或照原样子继续忠实观察，或用人为的加减改变试验，务找出真凭实据，才能确定此事物与彼事物之关系。

这还是第一步。再进一步，凡一事物之成毁，断不止一个原因，知道甲和乙的关系还不够，又要知道甲和丙、丁、戊等关系。原因之中又有原因，想真知道乙和甲的关系，便需先知道乙和庚、庚和辛、辛和壬等关系。不经过这些功夫，贸贸然下一个断案，说某事物和某事物有何等关系，便是武断，便是非科学的。科学家以许多有证据的事实为基础，逐层逐层看出它们的因果关系，发明种种含有必然性或含有极强盖然性的原则，好像拿许多结实麻绳组织成一张网，这网越织越大，渐渐地涵盖到这一组知识的全部，便成了一门科学。这是科学第二件主要精神。

第三层，可以教人的知识。凡学问有一个要件，要能"传与其人"。人类文化所以能成立，全由于一人的知识能传给多数人，一代的知识能传给次代。我费了很大的功夫得一种新知识，把它传给别人，别人费比较小的功夫承受我的知识之全部或一部，同时腾出别的工夫又去发明新知识。如此教学相长，递相传授，文化内容，自然一日一日地扩大。倘若知识不可以教人，无论这项知识怎样的精深博大，也等于"人亡政息"，于社会文化绝无影响。中国凡百学问，都带一种"可以意会，不可以言传"的神秘性，最足为知识扩大之障碍。

例如医学，我不敢说中国几千年没有发明，而且我还信得过确有名医。但总没有法传给别人，所以今日的医学，和扁鹊、仓公时代一样，或者还不如。又如，修习禅观的人，所得境界，或者真是圆满庄严。但只好他一个人独享，对于全社会文化竟不发生丝毫关系。中国所有学问的性质，大抵都是如此。这也难怪。中国学问，本来是由几位天才绝特的人"妙手偶得"——本来不是按部就班地循着一条路去得着，何从把一条应循之路指给别人？

科学家恰恰相反，他们一点点知识，都是由艰苦经验得来；他们说一句话总要举出证据，自然要将证据之如何搜集、如何审定一概告诉人；他们主张一件事总要说明理由，理由非能够还原不可，自然要把自己思想经过的路线，顺次详叙。所以别人读他一部书或听他一回讲义，不惟能够承受他研究所得之结果，而且一并承受他如何能研究得此结果之方法,而且可以用他的方法来批评他的错误。方法普及于社会,人人都可以研究,自然人人都会有发明。这是科学第三件主要精神。

三

中国学术界,因为缺乏这三种精神,所以生出如下之病证:

一、笼统。标题笼统——有时令人看不出他研究的对象为何物。用语笼统——往往一句话容得几方面解释。思想笼统——最爱说大而无当不着边际的道理,自己主张的是什么,和别人不同之处在那里,连自己也说不出。

二、武断。立说的人,既不必负找寻证据、说明理由的责任,判断下得容易,自然流于轻率。许多名家著述,不独违反真理而且违反常识的,往往而有。既已没有讨论学问的公认标准,虽然判断谬误,也没有人能驳他,谬误便日日侵蚀社会人心。

三、虚伪。武断还是无心的过失。既已容许武断,便也容许虚伪。虚伪有二:(一)语句上之虚伪。如隐匿真证、杜撰假证或曲说理由等。(二)思想内容之虚伪。本无心得,貌为深秘,欺骗世人。

四、因袭。把批评精神完全消失,而且没有批评能力,所以一味盲从古人,剽窃些绪余过活。所以思想界不能有弹力性,随着时代所需求而开拓,倒反留着许多沉淀废质,在里头为营养之障碍。

五、散失。间有一两位思想伟大的人,对于某种学术有新发明,但是没有传授与人的方法,这种发明,便随着本人的生命而中断。所以他的学问，不能成为社会上遗产。

以上五件，虽然不敢说是我们思想界固有的病证，这病最少也自秦汉以来受了二千年。我们若甘心抛弃文化国民的头衔，那更何话可说！若还舍不得吗？试想，二千年思想界内容贫乏到如此，求学问的途径榛塞到如此，长此下去，何以图存？想救这病，除了提倡科学精神外，没有第二剂良药了。

……其实科学精神之有无，只能用来横断新旧文化，不能用来纵断东西文化。若说欧美人是天生成科学的国民，中国人是天生成非科学的国民，我们可绝对地不能承认。拿我们战国时代和欧洲希腊时代比较，彼此都不能说是有现代这种崭新的科学精神，彼此却也没有反科学的精神。

秦汉以后，反科学精神弥漫中国者二千年；罗马帝国以后，反科学精神弥漫于欧洲者也一千多年。两方比较，我们隋唐佛学时代，还有点"准科学的"精神不时发现，只有比他们强，没有比他们弱。我所举五种病证，当他们教会垄断学问时代，件件都有；直到文艺复兴以后，渐渐把思想界的健康恢复转来，所谓科学者，才种下根苗；讲到枝叶扶疏，华实烂漫，不过最近一百年内的事。一百年的先进后进，在历史上值得计较吗？

只要我们不讳疾忌医，努力服这剂良药，只怕将来升天成佛，未知谁先谁后哩！我祝祷科学社能做到被国民信任的一位医生，我祝祷中国文化添入这有力的新成分，再放异彩！

中国人文思想的骨干

潘光旦

一个国家或一个时代的文化,必有其重心所寄,必有其随时随地不忘参考的事物,必有其浸淫笼罩一切而大家未必有自觉的一派势力。这种重心、事物或势力,归纳起来,大率不出欧美所称神道、人事、自然三大范围,或中国所称天、地、人三才的范围。中西相较,天可以对神道,地可以对自然或一切物质环境,人可以不用说。

就西洋文化史而论,希伯来文化是重神的,希腊文化是比较重人的;中古时代的文化和希伯来的相像,"文艺复兴"时代的文化和希腊时代的相像。所以英人亚诺尔德(M. Arnold)有"西洋文化,无非为希伯来主义与希腊主义互为消长"之说。降至近代,神道的地位固已日渐衰落,但西洋文化之究为人的,抑为物的,则论者颇不一其辞。我们隔江观火,也许比较清楚,不妨认为名为是人的,而实际则是物的,面子上是人本,骨子里是物本,因为我们随时随地可以观察到物质以人为刍狗的事实。不过我们也觉得,物本的文化,在一部分思想界里,现在已经发生一种反响，所以近年以来，在那里力求解脱的也大有人在。

就中国文化史而论，在各个方面我们也都能找出一些代表来。春秋、战国是各派思想孕育得比较成熟的时期，那时候真是什么都有。讲天道的有墨子，重自然的有老、庄，以人事为本位的有孔、孟。战国以后，各派盛衰消长之迹，大体上也很显明。墨子最先消歇；儒家最受推崇；道家除在两晋、六朝与唐代之际，一部分因统治人物的提倡有过一度振作外，平日的并不十分具体。汉以后佛教势力日渐扩大，至六朝而臻极盛，但是它的性质并不划一，大率平民所崇拜的是它的神道的部分，而智识分子所注重的是修身养性的部分，多少不脱人道的意味。

但全部中国文化史终究是一个重人道的文化史。各派思想中，比较最有线索、最有影响的也终究是儒家。春秋战国以前暂且不说。秦重用法家，排斥以古非今的儒生，固然是儒家遭逢厄运的一个时期，但这时期并不长久。汉代以后，儒家的地位便已根深蒂固。三国、两晋、六朝和唐的时期里，儒、释、道三家并育不悖，但主体依然要推儒家；六朝与唐代的四五百年间，佛家虽盛，但也曾再三受政府的压迫，出家人被勒令还俗之事，屡有所闻。无非是儒家不肯放弃它主体的身份的表示。五代以后，儒家地位的牢不可破，也是无须说的。

儒家思想的对象是人道，所以人文思想和儒家思想两个名可以通用。所谓人道，并不是很笼统的一种东西。西洋"文艺复兴"时代里所盛称的人道（Humanity）似乎目的专在对付历代相传而畸形发展的神道（Divinity），近时西洋人文主义者所盛称的人道（Law for Man）又似乎专门对付物道（Law for Thing），两者

· 227 ·

都可以说是很笼统的。中国儒家的人道却并不笼统，它至少可以有四个方面，四个方面缺一，那人道就不完全。

第一方面，对人以外的各种本体。

第二方面，对同时存在的别人。

第三方面，对自己。

第四方面，对以往与未来的人。

这四个方面合拢来，就成为题目中所称中国人文思想的骨干。现在分别说一说。

一

第一方面当然是最基本的。所谓各种本体，可以包含许多东西，概括着西洋的神道与物道或中国三才中的天、地两才所指的一切事物。一切自然的物体当然在内。但人道范围以内的事物或人为的事物，无论抽象的精神文化或具体的物质文化，如一派信仰、一种制度、一件器用，也往往会畸形发展到一个尾大不掉的程度，使人不但不能驾驭，反而被驾驭，不特无益于人，反有害于人，原以辅助人道始者，反以危害人道终。这样的一种事物，就俨然取得了本体的身份，可与人道对抗，驯至人道无法抵抗而至于衰微、寂灭。

我们不妨举几个例。欧洲中古时代神道抹杀人道的事实，是谁都知道的；近代文化中物道抹杀人道的种种情势，近来也逐渐受人公认。这都可以不说。但历史上与目前和人道不相成而相害的事物固远不止神道与物道而已。国家主义的只认国家不认人，家庭主义的只认家庭不认人，金钱主义的只认金钱不认人——何尝不是很显著的例证？这些主义自然也有用得到人的地方，但它们所见的并不是人，而只是公民，只是社会或阶级的一分子，只是家族的一员，只是父亲的儿子，是生产财富的一分势力而已。就在个人主义所认识的也并不是人，而只是一个个人！就在近代教育所注意与期望的也并不是人，而是一些专家，一些不通世事的学者罢了。人道之在今日，事实上已经被宰割、被肢解。

人利用了自然的事物创造了文物的环境，他自己应该是主体，文物的环境终究是一个客体，但结果往往会喧宾夺主，甚而至于反客为主。人也创造了全部的意识的环境，包括宗教、道德观念、社会理想等在内；他自己应该是一个主体，而意识的环境是一个客体；他自己的福利是一个常，意识环境的形式、内容与组织是一个变，应执变以就常，不应强常以就变。但结果也往往弄得常变倒置，主客易位。这种局面，是讲究人文思想的文化所最犯忌的局面，因为充其极，人类在天地间的地位可以根本发生动摇，甚而至于立脚不住。所以在希腊的人文文化里，便有"任何东西不宜太多"的原则（Nothing Too Much），太多了就有积重难返、尾大不掉的危险。

中国的儒家思想在这方面比希腊人还要进一步，它以为就是这一条"任何东西不宜太多"的原则也不宜太多，即不宜运用得过火。孟子不有过一段评论子莫的话吗？杨子为我，墨子兼爱，子莫执中，孟子说："执中为近之。执中无权，犹执一也。所恶执一者，为其贼道也，举一而废百也。"所以儒家的人文思想里，于"经"的原则之外，又有"权"的原则。执中无权，犹且不可，其他不执中的种种执一的例证，也就不必举了。

二

　　中国人文思想的第二方面的对象是与本人同时存在的人。换一种说法，它所要考虑的是人与人之间彼此应有一种什么分别和应有一种什么关系。在这一方面，中国文化可以说是最在行的，就是希腊文化也没有它那样见得清楚，说得了当。

　　说来也是谁都知道的。中国人文思想里又有一条极简单的原则，叫作"伦"的原则。但这条原则虽然简单，虽只一个字，却有两层意义，一层是静的，一层是动的。静的所应付的是上文所说人与人之间的分别，动的所应付的是人与人之间的关系。所谓静的人伦，指的是人的类别，人的流品。类别事实上既不会不有，流品也就不能不讲，因为人是一种有价值观念而巴图上进的动物。《礼记》上说，"拟人必于其伦"，那"伦"字显而易见是指的流品或类别。历代政治，最注意的一事是人才的遴选，往往有专官管理，我们谈起这种专官的任务来，动辄说，"品鉴人伦"，那"伦"字显而易见又是指的类别与流品。近来我们看见研究广告术的人，讲起一种货物的优美，也喜欢利用"无与伦比"一类的成语，那伦比的"伦"字当然又是静的类别而不是动的关系。

　　明白了静的人伦，才可以谈到动的人伦，因为动的是建筑在静的上面的。这动的人伦便指父子、君臣、夫妇、兄弟……之间分别应有的关系。静的人伦注意到许多客观的品性，如性别、年龄、辈分、血缘、形态、智慧、操行之类，如今动的人伦就要用这种品性做依据，来研求每两个人之间适当的关系，即彼此相待遇的方式来。静的人伦所重在理智的辨别，动的人伦则在感情的运用。

这静的伦与动的伦是相辅相成、缺一不可的。仅仅有静的伦，仅仅讲流品的辨别，社会生活一定是十分冷酷，并且根本上怕就不会有社会生活，历史上也就不曾有过此种实例。仅仅有动的伦，仅仅谈人与我应如何相亲相爱，完全不理会方式与程度上的差别，结果，不但减少了社会进步的机缘，并且日常的生活流入了感伤主义一途——这种被感伤主义支配的社会生活，历史上却很有一些例子，在今日的西洋，例子尤其多。在这里，就可以看出"人文思想"和常人所乐道的"人道主义"的不同来了。

同一重人道，同一注重道的和同，而后者所见的"同"等于"划一"，等于"皂白不分"，所见的"和"等于和泥土、粉末之和，而不是和调五味之和；前者所见则恰好相反，荀子在《荣辱》篇所说的"斩而齐，柱而顺，不同而一"，最能代表这一层精意。前者在同与和之间特别注重和，认为与其同而不和，毋宁不同而和。

西洋希腊以后的文化是不大讲伦的，即使讲，也十分偏重动的一方面。最近自生物学与遗传学发达以后，静的一方面才受到优生学、心理学与教育学者的充分注意。不过在日常生活中，这方面的影响还很有限。在中国，以前是动、静二者并举的，现在治伦理学与人生哲学者讲起"伦"字，却十有八九只讲动的伦，而不讲静的伦。但我们相信以前所谓"彝伦攸叙"或学宫中明伦堂上的"明伦"二字绝不单单指人与人的感情关系，殆可断言。

三

中国人文思想的第三方面的对象是一个人的自己。人是一个总称，所指是一般的人性、人道、做人的标准、完人的理想等。但每一个个人也是人，一个人应付一个人固属很难，应付自己却也不易。人是一种动物，动物皆有情欲，在演化过程中的地位越高，情欲的种类与力量也似乎越多越大。

在别种动物的生活里，情欲变化既少，随时又受自然的限制与调节。例如性的冲动吧，在大多数的高等动物中，一年中只有一个时期以内是活跃的，即自有其季候性的，但到人类就不同了，唯其不同，于是就发生了自觉与自动应付的问题。情欲之来，放纵既然不利，禁绝亦非所宜。于是怎样在两个极端中间，寻出一条适当而依然有变化的途径来，便成为历代道德家以至于生理与心理学家所努力的一大对象。但努力的人虽多，而真能提供合乎情理的拟议来的似乎只有人文思想一派，别的派别的目的似乎专在防止放纵的一个极端，防止越严，便越与另一极端相接近，就是形同禁绝。旧时基督教对于性和其他物欲的观念，便是一例，佛家的也是一例。但物极必反，好比时钟的摆一般，基督教的禁欲主义便终于造成了"文艺复兴"时代以及后来的自然放纵主义。此在当时虽也有人把它看作人文主义的一部分，其实它和人文思想的标准相去的距离，和禁欲主义的毫无分别，不同的只是方向罢了。

1932年夏季，我有烟台之行，在轮船上遇见一件很有趣的事。在头等舱的饭厅里，我发现在一只四方桌上坐着四个女子，东、南两边的两个，是天主教里的"嬷嬷"，南方人叫作"童身姑娘"，她们除了面部和两只手以外，其余的身体是包扎得几乎不透风的；西、北两边的却是两个白俄的娼妓，她们不但袒胸露臂，并且连鞋子、袜子都没有穿，只穿上拖鞋。她们四个每餐都这样坐在一起，自然只有两搭角说话，两对过之间则横着一道无底的鸿沟，到"审判的末日"还是通不过去。

在受人文思想支配下的中国文化里，这道鸿沟是没有的，至少就大体而论，没有这么广阔深邃。我们平日应付自己的情欲时，所持的大体是一个"节"的原则，既不是"纵"，也不是"禁"。我们把男女和饮食同样看作人生的大欲，本身原无所谓善恶。诗人论一代的风气制度，首推《周南》《召南》之化，甚至把"内无怨女，外无旷夫"看作良好政治的一个基础和一个标志。

讲禁欲主义的佛教虽在中国有很大的势力，但佞佛的人平日既有"做居士""带发修行"一类的假借的方法，而遇到做和尚、做尼姑的风气太厉害的时候，政府也会出来干涉，影响所及，便远不如基督教对于中古欧洲的深刻。在性以外的其他方面，亦复如是。例如饮酒，我们的原则是"不饮过量""不及乱"，如大战以来美国民族所开的那种玩笑，在中国是从没有发生过的。但近时也很有人把"节"与"禁"混为一谈，例如妇女节制协会对于烟酒的态度，名为节制，实际上却主张禁绝。

"节"字从竹，指竹节，有分寸的意思，凡百行为要有一个分寸，不到家不好，过了火也不好。不但情欲的发出要有分寸，就是许多平日公认为善良的待人的行为也要有个分寸。所以《论

· 233 ·

语》上有"恭近于礼"则远耻辱、"克己复礼"始得谓仁一类的话。

"礼"字原有两层意义。教育修养的结果，使人言动有节制，有分寸，便是合礼，这是第一义，是多少要人内发的；凡属可以帮生活的忙，使言动合乎分寸的事物工具，也是礼，这是第二义，是由社会在环境中加以安排的。后来的人似乎但知礼的第二义，即仅仅以"仪"为"礼"而忘了礼的第一义，积重难返，最后便闹到了"礼教吃人"的地步。

如今"恭近于礼"与"克己复礼"的礼，显而易见是第一义的礼。恭也要恭得有分寸，克己也要克己得有分寸，所以"摩顶放踵利天下"的宗教家与侠客，在人文思想家的眼光里，并不是最崇高的典型人物。

四

中国人文思想在第四方面的对象是以往与未来的人与物。人文思想者心目中的人是一个整个的人、囫囵的人。他认为只是一个专家、一个公民、一个社会分子……不能算人，人虽是一个有职业、有阶级、有国、有家……的东西，他却不应当为这许多空间关系所限制，而自甘维持一种狭隘的关系或卑微的身份。这是在讨论第一方面时已经提过的。

如今我们要更进一步地说，一个囫囵的人不但要轶出空间的限制，更要超越时间的限制。换一种说法，他现在那副圆颅方趾的形态，他的聪明智慧，他的譬如朝露、不及百年的寿命，并不能自成一个独立的单位，不能算是一个囫囵的东西。真要取得一个囫囵的资格,须得把以往的人类在生物方面与文化方面所传递给他的一切,统统算在里面。不但如此,他这承受下来的生物的与文化的遗业,将来都还得有一个清楚的交代。约言之,他得承认一个"来踪",更得妥筹一个"去路"。认识了来踪,觅到了去路,这个人才算是相当地完整。

在中国的人文思想里,这一点是极发达的。在文化的传统方面和生物的传统方面,我们都轻易不肯放松。师道尊严,创述不易,所以叙一个大师的学问时,我们总要把他的师承与传授的关系叙述一个明白,甚至于要替他编列出一张道统或学统的世系表来。但尤其要紧的,毕竟是生物的传统。若有人问什么是儒家思想最基本的观念,我们的答复就是本的观念,或渊源的观念。

所以说道"万物本乎天,人本乎祖",孝悌是为人之本,君师是政治之本,乡土是一人根本之地。一个人无论如何不长进,只要不忘本,总还有救。所以要尊祖敬宗,所以要慎终追远,所以要有祠堂,要有宗谱。既惓惓于既往,又不能惴惴于未来,所以便有"有后"之论,所以要论究"宜子孙"的道理;有了有价值的东西,总希望"子子孙孙永保存",更进而把以往与未来相提并论,于是祠堂与宗谱里便充满了"源远流长""根深叶茂""继往开来""承先启后""光前裕后"一类标语式的笔墨。

记得唐朝有一位文学家替人家作墓志铭,劈头就是两句:"积德垂裕之谓仁,追远扬名之谓孝。"追远扬名之所以为孝,是谁都了解的,但积德垂裕之所以为仁,却早经后人忘却,反而见得新颖可喜。

这一方面的人文思想,在西洋是很不发达的。近日始有一派的思想稍稍地谈论到它，就是讲求淑种之道的优生学。美国有一位优生学者说，我们要提倡优生学，我们先得提倡一种"种族的伦理"；又有一位说，我们应该把忠恕的金科玉律推广到下代子孙的身上。试问这种见地和我们"垂裕后昆""庆钟厥后"的理想又有什么分别？所谓种族的伦理与下代子孙的忠恕又岂不就是上文那位唐代的文学家所提的仁字？不过我们却要忝居先进了。

我们到此，便可以把上面所讨论的人文思想的四个方面并在一起说一说。这四个方面都受一个原则的节制，就是分寸的原则或节制的原则。

在第一方面，我们要防人以外的本体或俨然有本体资格的事物出来喧宾夺主，以至于操纵我们的生活。换一种说法，就是人和它们各个的关系，都得有一个分寸。"敬鬼神而远之""虽小道，致远恐泥"一类的话，所指无非一些分寸的意思。甚至于我们把人看作中心，看作比其他主体都要重要的时候，也得有个分寸，绝不能目空一切，唯我独尊。所以孔子对于鬼神、天道、死，始终保持一个存疑的态度，不否认，也不肯定。所以至少在董仲舒的眼光里，通天、地、人三才的人才配叫作儒。所以至少儒者平日对人接物的态度要居敬，要自谦，要虚己。这便是"人文思想"与"人本主义"根本不相同的一点了。

西文中"Humanism"一词，有人译为人本主义，也有人译为人文主义。但若就中国儒家的思想而论，那确乎是人文而非人本。目下美国流行的想取基督教而代之的那一派信仰，才不妨叫作人本主义。他们那种超过了分寸的自负心理与自信心理，以为一切一切都在人自己的手里，要如何便如何——以前中国的人文思想家便不能接受。我也以为不相宜，我不但不能接受人本主义，并且觉得人文主义中的"主义"两字就不妥当，有执一的臭味，所以本文始终只说人文思想，而不说人文主义。

人文思想的第二方面，也不免受分寸观念的节制，是最显明不过的。静的人伦，一壁以自然的变异做基础，一壁以价值的观念来评量，自然是讲分寸的。动的人伦所承认的最大的原则，不外用情要有分寸，满足一种欲望时要有分寸。所以亲亲有杀，尊贤有等，所以孟子有亲亲、仁民、爱物的论调。讲到用情要有分寸，岂不是就和人文思想的第三方面衔接了起来？一个人情欲的外施，有的是比较限于自身的，如饮酒；有的却迟早要影响别人的休戚利害，如性欲。不论为了自己的福利讲分寸，或为了别人的福利讲分寸，以至于为了节省物力讲分寸，结果总是一般的福利的增加，一般的位育程度的提高。这种福利的增加与位育程度的提高，以前的人文思想学者就叫作"和"，所以说"发而皆中节谓之和"，又说"礼之用，和为贵"。

其实平心而论，除了在情欲上讲分寸以外，社会生活就再也没有可以发生"和"的途径。如其走放纵的那条路，结果自然到处是权利的冲突，虽不至于到道学先生所说的"人欲横流"的地步，至少那种骚扰纷乱的局面，如目下的国际情势与大都市里的工商业状况，是无可避免的。如其走禁绝的那条路，修道的修道，念佛的念佛，理论上，在人与人之间，便根本不会发生和不和的问题，因为和的局面是先得假定有两个不同的东西发生接触。如今因禁欲的教条的关系，两个人既同在一种紧缩与收敛状态之中，调和不调和的问题当然不会发生。但事实上，这禁绝的路，却往往是产生更大的不和的一个因缘。在个人方面，近代精神病学所告诉我们的种种的病态已经是够明白了。而此种个人的内部的不和迟早亦必不免形诸生活，造成社会的不和而后已。

其在第四方面，这分寸的原则也是一样适用。无论哪一方面，我们都发现由三个据点所构成的一个格局，两点是静的两极，一点是动的中心，就是人自己或人所立的一个标准。第一方面是天、地与人道之人。第二方面是社会、个人与能兼筹并顾到社会需要与个人需要的人。第三方面是情欲的放纵、禁遏与适当的张弛操守，也就是节制。第四方面呢？两极端指的是既往与未来，而中心之点是现在或当时。三点之中对人最有休戚关系的当然是现在，理应特别加以措意。但若我们过于注意现实，只知讲求所谓现实主义，置已往的经验、成效与未来的理想、希望于完全不闻不问之列，那我们也就犯了执一的弊病。

不鉴戒于前车的得失，则生活的错误必多，无前途的瞻望、希冀，则生活的意趣等于嚼蜡，这便是弊病之所在了。反之，如果一味依恋着过去，或一味憧憬于未来，则其为执一不悟，更自显然。至其弊病之所在，在前者为食古不化、故步自封的保守主义，在后者则为不知止与不知反的进步主义或维新主义。方之于水，前者等于不波的古井，不流的腐水、死水，后者则有如既倒的狂澜、横流的沧海，奔放而靡所底止，两者都失去了水的效用。但若我们一面把握住现在，一面对已往与未来又能随时予以适当的关注，无论瞻前顾后，脚步始终踏实踏稳，这些弊病就不至于发生了。一样的执中，这执中是有权衡的，有权衡也就是有分寸。

人文思想的四个方面很早就在中国儒家哲学里打成了一片，有如上文所述。西洋的思想界，自"文艺复兴"以来，也不时以人文主义相号召，最近二十余年间，且骎骎乎有成为一种运动之势。上文所叙的四个方面，也随时有人谈到，但不是举一遗二，便是主甲的人与主乙的人互相攻讦。

例如，近来美国流行的宗教人文主义便始终没有越出第一方面的范围，并且始终没有摆脱狭隘、武断的人本主义的臭味。白壁德（Irving Babbitt）教授一派的人文主义是以第三方面做重心的，其涉及第一方面时，则谓与神道主义携手可，与自然主义携手则万万不可；议论往往有不能自圆之处，且对于任何事物的深恶痛绝，本身便不是一个人文思想应有的态度，他们也承认人与人之间的关系应适用差等的原则，但于伦的观念，所见尚欠真切。至于第四方面，他就几乎完全没有提到。

至优生学者，则一面接受狭隘的人本主义，认为人类对于自己的前途演化，即自己的命运，可以完全控制；一面根据变异、遗传与选择的理论，自亦特别注意到第二方面类别与流品的部分，第三方面则几乎完全不问。……总之，在近代的西洋，我们还找不到一派比较完备的、可与中国儒家哲学相比拟的人文思想。

人的文学

周作人

我们现在应该提倡的新文学，简单地说一句，是"人的文学"。应该排斥的，便是反对的非人的文学。

新旧这名称，本来很不妥当，其实"太阳底下何尝有新的东西"？思想道理，只有是非，并无新旧。要说是新，也单是新发见的新，不是新发明的新。"新大陆"是在15世纪中被哥伦布发见，但这地面是古来早已存在。电是在18世纪中，被富兰克林发见，但这物事也是古来早已存在。无非以前的人，不能知道，遇见哥伦布与富兰克林才把他看出罢了。

真理的发见，也是如此。真理永远存在，并无时间的限制，只因我们自己愚昧，闻道太迟，离发见的时候尚近，所以称他新。其实他原是极古的东西，正如新大陆同电一般，早在这宇宙之内，倘若将他当作新鲜果子、时式衣裳一样看待，那便大错了。譬如现在说"人的文学"，这一句话，岂不也像时髦。却不知世上生了人，便同时生了人道。无奈世人无知，偏不肯体人类的意志，走这正路，却迷入兽道鬼道里去，彷徨了多年，才得出来。正如人在白昼时候，闭着眼乱闯，末后睁开眼睛，才晓得世上有这样好阳光；其实太阳照临，早已如此，已有了许多年代了。

欧洲关于这"人"的真理的发见，第一次是在 15 世纪，于是出了宗教改革与文艺复兴两个结果。第二次成了法国大革命，第三次大约便是欧战以后将来的未知事件了。女人与小儿的发见，却迟至 19 世纪，才有萌芽。

古来女人的位置，不过是男子的器具与奴隶。中古时代，教会里还曾讨论女子有无灵魂，算不算得一个人呢。小儿也只是父母的所有品，又不认他是一个未长成的人，却当他作具体而微的成人，因此又不知演了多少家庭的与教育的悲剧。自从茀罗培尔（Froebel）与戈特文（Godwin）夫人以后，才有光明出现。到了现在，造成儿童学与女子问题这两大研究，可望长出极好的结果来。中国讲到这类问题，却须从头做起，人的问题，从来未经解决，女人小儿更不必说了。如今第一步先从人说起，生了四千余年，现在却还讲人的意义，从新要发见"人"，去"辟人荒"，也是可笑的事。但老了再学，总比不学该胜一筹罢。我们希望从文学上起首，提倡一点人道主义思想，便是这个意思。

我们要说人的文学，须得先将这个人字，略加说明。我们所说的人，不是世间所谓"天地之性最贵"，或"圆颅方趾"的人。乃是说，"从动物进化的人类"。其中有两个要点，（一）"从动物"进化的，（二）从动物"进化"的。

我们承认人是一种生物。他的生活现象，与别的动物并无不同，所以我们相信人的一切生活本能，都是美的善的，应得完全满足。凡有违反人性不自然的习惯制度，都应该排斥改正。但我们又承认人是一种从动物进化的生物。他的内面生活，比别的动物更为复杂高深，而且逐渐向上，有能够改造生活的力量。所以我们相信人类以动物的生活为生存的基础，而其内面生活，却渐与动物相远，终能达到高上和平的境地。凡兽性的余留，与古代礼法可以阻碍人性向上的发展者，也都应该排斥改正。

这两个要点，换一句话说，便是人的灵肉二重的生活。古人的思想，以为人性有灵肉二元，同时并存，永相冲突。肉的一面，是兽性的遗传；灵的一面，是神性的发端。人生的目的，便偏重在发展这神性；其手段，便在灭了体质以救灵魂。所以古来宗教，大都厉行禁欲主义，有种种苦行，抵制人类的本能。一方面却别有不顾灵魂的快乐派，只愿"死便埋我"。其实两者都是趋于极端，不能说是人的正当生活。到了近世，才有人看出这灵肉本是一物的两面，并非对抗的二元。兽性与神性，合起来便只是人性。英国18世纪诗人勃莱克（Blake）在《天国与地狱的结婚》一篇中，说得最好：

（一）人并无与灵魂分离的身体。因这所谓身体者，原只是五官所能见的一部分的灵魂。

（二）力是唯一的生命，是从身体发生的。理就是力的外面的界。

（三）力是永久的悦乐。

他这话虽然略含神秘的气味，但很能说出灵肉一致的要义。我们所信的人类正当生活，便是这灵肉一致的生活。所谓从动物进化的人，也便是指这灵肉一致的人，无非用别一说法罢了。

这样"人"的理想生活,应该怎样呢?首先便是改良人类的关系。彼此都是人类,却又各是人类的一个。所以须营一种利己而又利他,利他即是利己的生活。第一,关于物质的生活,应该各尽人力所及,取人事所需。换一句话,便是各人以心力的劳作,换得适当的衣食住与医药,能保持健康的生存。第二,关于道德的生活,应该以爱智信勇四事为基本道德,革除一切人道以下或人力以上的因袭的礼法,使人人能享自由真实的幸福生活。这种"人的理想生活",实行起来,实于世上的人无一不利。富贵的人虽然觉得不免失去了他的所谓尊严,但他们因此得从非人的生活里救出,成为完全的人,岂不是绝大的幸福吗?这真可说是 20 世纪的新福音了。只可惜知道的人还少,不能立地实行。所以我们的在文学上略略提倡,也稍尽我们家人类的意思。

但现在还须说明,我所说的人道主义,并非世间所谓"悲天悯人"或"博施济众"的慈善主义,乃是一种个人主义的人间本位主义。这理由是,第一,人在人类中,正如森林中的一株树木。森林盛了,各树也都茂盛。但要森林盛,去仍非靠各树各自茂盛不可。第二,个人爱人类,就只为人类中有了我,与我相关的缘故。墨子说,"爱人不外己,己在所爱之中",便是最透彻的话。上文所谓利己而又利他,利他即是利己,正是这个意思,所以我说的人道主义,是从个人做起。要讲人道,爱人类,便须先使自己有人的资格,占得人的位置。耶稣说,"爱邻如己"。如不先知自爱,怎能"如己"地爱别人呢?至于无我的爱,纯粹的利他,我以为是不可能的。人为了所爱的人,或所信的主义,能够有献身的行为。若是割肉饲鹰,投身给饿虎吃,那是超人间的道德，不是人所能为的了。

用这人道主义为本，对于人生诸问题，加以记录研究的文字，便谓之人的文学。其中又可以分作两项：（一）是正面的，写这理想生活，或人间上达的可能性；（二）是侧面的，写人的平常生活，或非人的生活，都很可以供研究之用。这类著作，分量最多，也最重要。因为我们可以因此明白人生实在的情状，与理想生活比较出差异与改善的方法。这一类中写非人的生活的文学，世间每每误会，与非人的文学相溷，其实却大有分别。

譬如法国莫泊桑（Maupassant）的小说《一生》，是写人间兽欲的人的文学；中国的《肉蒲团》却是非人的文学。俄国库普林（Kuprin）的小说《坑》，是写娼妓生活的人的文学；中国的《九尾龟》却是非人的文学。这区别就只在著作的态度不同。一个严肃，一个游戏。一个希望人的生活，所以对于非人的生活，怀着悲哀或愤怒；一个安于非人的生活，所以对于非人的生活，感着满足，又多带些玩弄与挑拨的形迹。

…………

人的文学，当以人的道德为本，这道德问题方面很广，一时不能细说。现在只就文学关系上，略举几项。譬如两性的爱，我们对于这事，有两个主张：

（一）是男女两本位的平等。

（二）是恋爱的结婚。

世间著作，有发挥这意思的，便是绝好的人的文学。如挪威易卜生（Ibsen）的戏剧《娜拉》《海女》，俄国托尔斯泰（Tolstoj）的小说 *Anna Karenina*，英国哈代（Hardy）的小说《苔丝》

等就是。恋爱起原，据芬兰学者韦斯特马克（Westermarck）说，由于"人的对于我快乐者的爱好"。却又如奥国卢闿（Lucke）说，因多年甚的进化，渐变了高上的感情。所以真实的爱与两性的生活，也须有灵肉二重的一致。但因为现世社会境势所迫，以致偏于一面的，不免极多。这便须根据人道主义的思想，加以记录研究。……又如俄国陀思妥耶夫斯基（Dostojevskij）是伟大的人道主义作家。但他在一部小说中，说一男人爱一女子，后来女子爱了别人，他却竭力斡旋，使他们能够配合。陀思妥耶夫斯基自己，虽然言行竟是一致，但我们总不能承认这种种行为，是在人情以内，人力以外，所以不愿提倡。

又如印度诗人泰戈尔（Tagore）作的小说，时时颂扬东方思想。有一篇记一寡妇的生活，描写对的"心的撒提（Suttee）"（撒提是印度古话，指寡妇与她丈夫的尸体一同焚化的习俗），又一篇说一男人弃了他的妻子，在英国别娶，他的妻子，还典卖了金珠宝玉，永远地接济他。一个人如有身心的自由，以自由选择，与人结了爱，遇着生死的别离，发生自己牺牲的行为，这原是可以称道的事。但须全然出于自由意志，与被专制的因袭礼法逼成的动作，不能并为一谈。

印度人身的撒提，世间都知道是一种非人道的习俗，近来已被英国禁止。至于人心的撒提，便只是一种变相。一是死刑，一是终身监禁。照中国说，一是殉节，一是守节，原来撒提这字，据说在梵文，便正是节妇的意思。印度女子被"撒提"了几千年，便养成了这一种畸形的贞顺之德。讲东方化的，以为是国粹，其实只是不自然的制度习惯的恶果。譬如中国人磕头惯了，见了人便无端的要请安拱手作揖，大有非跪不可之意，这能说是他的谦和美德吗？我们见了这种畸形的所谓道德，正如见了塞在坛子里养大的、身子像萝卜形状的人，只感着恐怖嫌恶悲哀愤怒种种感情，绝不该将他提倡，拿他赏赞。

其次如亲子的爱。古人说，父母子女的爱情，是"本于天性"，这话说得最好。因他本来是天性的爱，所以用不着那些人为的束缚，妨害他的生长。假如有人说，父母生子，全由私欲，世间或要说他不道。今将他改作由于天性，便极适当。照生物现象看来，父母生子，正是自然的意志。有了性的生活，自然有生命的延续，与哺乳的努力，这是动物无不如此。到了人类，对于恋爱的融合，自我的延长，更有意识，所以亲子的关系，尤为浓厚。近时识者所说儿童的权利，与父母的义务，便即据这天然的道理推演而出，并非时新的东西。至于世间无知的父母，将子女当作所有品，牛马一般养育，以为养大以后，可以随便唤他骑他，那便是退化的谬误思想。

英国教育家戈思德（Gorst）称他们为"猿类之不肖子"，正不为过。日本津田左右吉著《文学上国民思想的研究》卷一说，"不以亲子的爱情为本的孝行观念，又与祖先为子孙而生存的生物学的普遍事实，人为将来而努力的人间社会的实际状态，俱相违反，却认作子孙为祖先而生存，如此道德中，显然含有不自然的分子"。祖先为子孙而生存，所以父母理应爱重子女，子女也就应该爱敬父母。这是自然的事实，也便是天性。

文学上说这亲子的爱的，希腊荷马（Homeros）史诗《伊利亚特》与欧里庇得斯（Euripides）悲剧《特洛伊妇女》中，说赫克脱耳（Hektor）夫妇与儿子的死别的两节，在古文学中，最为美妙。近来挪威易卜生的《群鬼》，德国苏德曼（Sudemann）的戏剧《故乡》，俄国屠格涅夫（Turgenjev）的小说《父与子》等，都很可以供我们的研究。至于郭巨埋儿、丁兰刻木那一类残忍迷信的行为，当然不应再行赞扬提倡。割股一事，尚是魔术与食人风俗的遗留，自然算不得道德，不必再叫他混入文学里，更不消说了。

照上文所说，我们应该提倡与排斥的文学，大致可以明白了。但关于古今中外这一件事上，还须追加一句说明，才可免了误会。我们对于主义相反的文学，并非如胡致堂或乾隆做史论，单依自己的成见，将古今人物排头骂例。我们立论，应抱定"时代"这一个观念，又将批评与主张，分作两事。批评古人的著作，便认定他们的时代，给他一个正直的评价，相应的位置。至于宣传我们的主张，也认定我们的时代，不能与相反的意见通融让步，唯有排斥的一条方法。譬如原始时代，本来只有原始思想，行魔术食人的人，那便只得将他捉住，送进精神病院去了。

其次，对于中外这个问题，我们也只须抱定时代这一个观念，不必再划出什么别的界限。地理上历史上，原有种种不同，但世界交通便了，空气流通也快了，人类可望逐渐接近，同一时代的人，便可相并存在。单位是个我，总数是个人。不必自以为与众不同，道德第一，划出许多畛域。因为人总与人类相关，彼此一样，所以张三李四受苦，与彼得约翰受苦，要说与我无关，便一样无关，说与我相关，也一样相关。仔细说，便只为我与张三李四或彼得约翰虽姓名不同，籍贯不同，但同是人类之一，同具感觉性情。他以为苦的,在我也必以为苦。这苦会降在他身上,也未必不能降在我的身上。因为人类的运命是同一的,所以我要顾虑我的运命,便同时须顾虑人类共同的运命。

所以我们只能说时代,不能分中外。我们偶有创作,自然偏于见闻较确的中国一方面,其余大多数都还须绍介译述外国的著作,扩大读者的精神,眼里看见了世界的人类,养成人的道德,实现人的生活。

中国人失掉自信力了吗?

鲁 迅

从公开的文字上看起来:两年以前,我们总自夸着"地大物博",是事实;不久就不再自夸了,只希望着国联,也是事实;现在是既不夸自己,也不信国联,改为一味求神拜佛,怀古伤今了——却也是事实。

于是有人慨叹曰:中国人失掉自信力了。

如果单据这一点现象而论,自信其实是早就失掉了的。先前信"地",信"物",后来信"国联",都没有相信过"自己"。假使这也算一种"信",那也只能说中国人曾经有过"他信力",自从对国联失望之后,便把这他信力都失掉了。

失掉了他信力,就会疑,一个转身,也许能够只相信了自己,倒是一条新生路,但不幸的是逐渐玄虚起来了。信"地"和"物",还是切实的东西,国联就渺茫,不过这还可以令人不久就省悟到依赖它的不可靠。一到求神拜佛,可就玄虚之至了,有益或是有害,一时就找不出分明的结果来,它可以令人更长久的麻醉着自己。

中国人现在是在发展着"自欺力"。

"自欺"也并非现在的新东西,现在只不过日见其明显,笼罩了一切罢了。然而,在这笼罩之下,我们有并不失掉自信力的中国人在。

我们从古以来,就有埋头苦干的人,有拼命硬干的人,有为民请命的人,有舍身求法的人,……虽是等于为帝王将相作家谱的所谓"正史",也往往掩不住他们的光耀,这就是中国的脊梁。

这一类的人们,就是现在也何尝少呢?他们有确信,不自欺;他们在前仆后继的战斗,不过一面总在被摧残,被抹杀,消灭于黑暗中,不能为大家所知道罢了。说中国人失掉了自信力,用以指一部分人则可,倘若加于全体,那简直是诬蔑。

要论中国人,必须不被搽在表面的自欺欺人的脂粉所诓骗,却看看他的筋骨和脊梁。自信力的有无,状元宰相的文章是不足为据的,要自己去看地底下。

言论自由的界限

鲁 迅

看《红楼梦》,觉得贾府上是言论颇不自由的地方。焦大以奴才的身份,仗着酒醉,从主子骂起,直到别的一切奴才,说只有两个石狮子干净。结果怎样呢?结果是主子深恶,奴才痛嫉,给他塞了一嘴马粪。

其实是,焦大的骂,并非要打倒贾府,倒是要贾府好,不过说主奴如此,贾府就要弄不下去罢了。然而得到的报酬是马粪。所以这焦大,实在是贾府的屈原,假使他能做文章,我想,恐怕也会有一篇《离骚》之类。

三年前的新月社诸君子,不幸和焦大有了相类的境遇。他们引经据典,对于党国有了一点微词,虽然引的大抵是英国经典,但何尝有丝毫不利于党国的恶意,不过说:"老爷,人家的衣服多么干净,您老人家的可有些儿脏,应该洗它一洗"罢了。不料"荃不察余之中情兮",来了一嘴的马粪:国报同声致讨,连《新月》杂志也遭殃。但新月社究竟是文人学士的团体,这时就也来了一大堆引据三民主义,辨明心迹的"离骚经"。现在好了,吐出马粪，换塞甜头，有的顾问，有的教授，有的秘书，有的大学院长，言论自由，《新月》也满是所谓"为文艺的文艺"了。

这就是文人学士究竟比不识字的奴才聪明，党国究竟比贾府高明，现在究竟比乾隆时候光明：三明主义。

然而竟还有人在嚷着要求言论自由。世界上没有这许多甜头，我想，该是明白的罢，这误解，大约是在没有悟到现在的言论自由，只以能够表示主人的宽宏大度的说些"老爷，你的衣服……"为限，而还想说开去。

这是断乎不行的。前一种，是和《新月》受难时代不同，现在好像已有的了，这《自由谈》也就是一个证据，虽然有时还有几位拿着马粪，前来探头探脑的英雄。至于想说开去，那就足以破坏言论自由的保障。要知道现在虽比先前光明，但也比先前利害，一说开去，是连性命都要送掉的。即使有了言论自由的明令，也千万大意不得。这我是亲眼见过好几回的，非"卖老"也，不自觉其做奴才之君子，幸想一想而垂鉴焉。

人的控制与物的控制

潘光旦

中国有句老话说，童子操刀，其伤实多。这句话恰好形容三百年来科学进步的一半的结果。刀是一种人所发明的工具，本体无所谓好坏，只是用途有好坏，用得适当就好，不适当就坏。刀自身不能发挥它的效用，发挥它的效用的是人，而人却有好坏之分，有适当不适当或健全不健全之分；以适当而健全的人来利用一种工具，其功用或结果大概也是适当、健全而有益的，否则是有害的。

童子操刀，指的是后一种的可能的功用。大凡人利用事物，全都得用这眼光来看。水所以载舟，亦所以覆舟。自然的事物如此，人所自造的文物，包括一切比较具体的工具制作与比较抽象的典则制度与思想信仰在内，尤其是如此。说"尤其"，正因为它们是人造的，是人的聪明的产物，如果控制无力，运用失当，以至于贻祸人群，那责任自然更较严重；人的聪明能产生这些，而竟不能适当地控制运用这些，至于尾大不掉，自贻伊戚，也适足以证明那聪明毕竟是有限罢了。

我们也得用这种眼光来看科学。科学也正复是一种人造的工具，一点也不少，一点也不多。它本身也无所谓好坏，好坏系于人的如何控制运用。一部分人见到科学昌明以后，人类的一部分获取了种种利用厚生的好处，于是就赞扬科学、歌颂科学，对科学五体投地，认为是人类的福星。我想除非这一部分人中间，有人生就的是一副诗人性格，动不动要抒发他的感伤主义，这是大可以不必的。另一部分人，见到在同时期以内，科学表现了不少的摧杀、败坏的力量，特别是在历次的大小战争里，于是就批评它，诅咒它，认为人类迟早不免因它而归于寂灭，而自原子能的发明以后，这末日可能来临得很早。我认为这也是一种感伤主义的表示，大可以不必的。

我们要认清楚，一切问题的症结在人，关键在人。童子操刀，问题绝对地不在"刀"，而在"童子操"。人运用科学，问题也绝不在科学，而在人的运用与运用的人。我们要问，这种用科学的人是不是真能善于运用，真有运用的资格？换一种问法就是，他配不配运用？所谓善，所谓有资格，所谓配，指的是两层相连的意思：一是他在运用之际，能随在参考到人群的福利，始终以人群福利为依归；二是他，即运用者自己，必须是一个身心比较健全的人，至少要健全到一个程度，足以教他实行这种参考，笃守这个依归。这两层意思，第一层指人的运用，重在运用；第二层指运用的人，重在人。

我指出这两层意思的分别来，因为"人"与"运用"之间，比较基本的终究是人，人而健全，运用是没有不得当的，反过来就很难想象了。而近年来，中外论者鉴于科学对人群的利害参半，对于有害的一半总说是"运用失当"，难得有人更进而提出如下的一类问题：失当的原因究竟何在？此种失当是偶然的呢，是一时计虑的错误而可以避免的呢，还是有些基本的因素教它不得不发生而随时可以发生的呢？这基本的因素里可能不可能包括人自己？可能不可能人本身就不适当，因而他对于科学的应用也就无法适当？

好比骑马，马是工具，人是马的驾驭者，骑马之人虽未尝不聪明灵活，未尝不略知驾驭之术，但也许年事太轻，或适逢酒后病后，神智不够清楚，终于把马赶进了一个绝境，造成了断头折股的惨剧。这又回到童子操刀的比喻了。然则问题还不在一个操字，而在童子本身。

童子操刀，最浅见而感情用事的人责备操刀；其次也只是在操字上做功夫，总说操得不得法，诚能操之得法，问题就解决了。1931年2月，爱因斯坦在加利福尼亚州工科学院对学生作公开演讲，说："光辉灿烂的应用科学既节省了工作的时间，减轻了生活的负担，而对于人类幸福的促进，又何以如是其少呢？我们简单的答复是，我们还没有学到致用之道，一些明白事理的致用之道。要你们的工作得以增加人类的福佑，只是了解应用科学是不够的，你们得同时关切到人。人的自身与人的命运必须始终成为一切技工的努力的主要兴趣。在你们绘制图表与计算公式的时候，随在不要忘记这一点。"

这一番话是不错的，从爱氏的嘴里说出来，自然更有分量。但是不够，单单就操字上找答复，而不就童子身上找答复，所以不够。爱氏在这话里，也似乎只见到"人的运用"，而没有见到

"运用的人"。要见到了运用的人，问题才搔到了痒处。

三百年来，物的研究与认识，物的控制与运用，诚然是到了家，到最近原子能的发现与原子弹的试用成功，此种认识与控制更是将近登峰造极。但人自己如何？人认识自己吗？人更进而能控制自己吗？

我们的答复是，人既不认识自己，更不知所以控制自己之道。人自己也是一种物体，这物体是一个机械体也罢，是一个有机体也罢，它总是一个极复杂的力的系统。我们对于这力的系统，根据物有本末、事有先后之理，我们原应先有一番清切的了解，先做一番有效的控制。但三百年来，科学尽管发达，技术尽管昌明，却并没发达与昌明到人的身上来，即虽或偶然涉猎及之，不是迂阔不切，便是破碎支离。结果是：我们窥见了宇宙的底蕴，却认不得自己；我们驾驭了原子中间的力量，却控制不了自己的七情六欲；我们夸着大口说"征服"了自然，却管理不了自己的行为，把握不住自己的命运。这正合着好像是耶稣讲的一句话：我们吞并了全世界，却是抛撇了自己的灵魂。比起这句话来，上文童子操刀、醉汉骑马一类的话，还算是轻描淡写的。

人至今没有适当地与充分地成为科学研究的对象，是很显明的。人属于一个三不管的地带：

第一，人虽然也是一种生物，并且是一种动物，但生物学与动物学不管，至少是不大管，或虽管而其管法和对于一棵树、一条虫、一只青蛙的管法没有分别，即虽管而于人之所以为人不能有所发明。

第二，人类学与社会学，以至于其他各种社会科学，都算是以人做对象的科学了，但说来可怜，这对象是有名无实的。这些学问只晓得在人身外围兜着圈子，像走马灯中走马之于蜡烛一般。体质人类学算是最接近的，但它的注意范围很有限，除了活人的那一个皮囊叫作形态的，和死人的那一副架子叫作骨骼的，以及这两件事物在各种族中间的比较而外，也就说不上多少了。

试问我们认识这个皮囊和挂皮囊的架子，我们就算认识了人吗？所谓文化人类学，名为研究文化的人，实际是研究了人的文化；名为是研究产生者，实际是研究了产物，至多也只是牵涉到一些产生者和产物的关系，以及产物对于产生者的一些反响。有的文化人类学家甚至于只看见文化，只看见文化的自生自灭，根本不看见人；即或偶然见到，所见到的也不过是无往而不受到文化摆布的一些可怜虫而已。因此，产生者本身究属是怎么一回事，我们的认识并没有因文化人类学者努力而增加多少。

社会学是人伦关系之学，似乎所重在关系的研究，而不在社会学的对象是人伦之际，要紧的是那一个"际"字，好比哲学的一部分的对象是天人之际一般，所以在不大能运用抽象的脑筋的学子往往不免扑一个空。所扑的既然是一个空，不用说具体的人是扑不着的了。

经济学原应一面研究人欲，然后进而研究物力与人欲的内外应合，两相调适。但截至目前，无论是正统派的经济学，或唯物论的经济学，似乎始终全神贯注在人身以外的物力的生产与支配之上，而于人欲的应如何调遣裁节完全恝置不问。物力有限，而人欲无穷，以有限应无穷，前途必有坐困的一日，即行将来临的原子能时代恐也不成例外。而不幸的是，问题中那无穷的一半恰好就是经济学所"无视"的一半。政治学与法律学都是所谓管理众人的学术，而它们所讲求的管理方法都是甲如何管理乙，张三如何管理李四，而不是甲与乙、张三与李四如何各自管理自己，或于管理别人之前，先知所以管理自己。

总之，各门社会科学犯着一种通病，就是忘本逐末，舍近求远，避实趋虚，放弃了核心而专务外围。所谓本、近与核心，指的当然是人物之际的人和人我之际的每一个人的自己而言。这便是三不管中的第二不管。

第三，人体生理学、心理学、医学一类的科学在人的研究上我们承认是进了一步，它们进入了人身。上文所说的那种通病它们并没有犯，我们不能说它们"迂阔不切"。它们犯的是另一种通病，就是上面也提到过的"支离破碎"。所谓分析的方法，原是三百年来一切研究具体事物的科学的不二法门。科学方法名为分析与综合并行，而实际所做的几乎全部是分析工作。但分析就是割裂的别名，割裂的结果是支离破碎。这在人以外的物经得起，人自己却经不起；死人经得起，活人却经不起。无论经得起经不起，支离破碎的研究，零星片段的认识，等于未研究、不认识，因为人是囫囵的、整个的，并且是个别的囫囵或整个的，而零星片段的拼凑总和并不等于整个。

总之，截至最近几年，即在这些直接应付人的科学里，人也未尝不落空。我说截至最近几年，因为一小部分生理学家、病理学家，特别是精神病理学家近年已经逐渐看到这一点，认为有机体是不容分解的，人格是不容割裂的，而正在改换他们的研究方法中。但时间既短，成就自然还有限。

综上三不管的议论，可知人类自己对于人之所以为人，每一个人自己对于我之所以为我，至今依然在一个"无知"与"不学"的状态中。"不学"的下文是"无术"，就是既不认识自己，便无从控制与管理自己。人不能管制自身，而但知管制物，其为管制必然是一种胡乱的管制；人对于自身系统中的力不知善用，对于其意志、理智、情绪、兴趣、欲望不知如何调度裁节，而但知支配运用身外的种种物质系统中的力，其为运用必然是一种滥用。滥用的结果必然是"伤人实多"，而这个"人"字最后不免包括滥用者自己。这在上文已经预先笼统说过，但到此我们更可以说得明细一些。

人对自身的认识与控制是一种尚待展开的努力。此种努力分两层。一是就整个属类言之的。人也是物类的一种，但究属与一般的物类不同，他有他的很显著的特殊性，唯其特殊，所以研究的方法与控制的技术势必和其他的物质不能一样。上文囫囵或整个之论便是属于研究一方面的。至于控制，即就此人控制彼人而言，我们就不适用所谓"集中""清算"或"液体化"一类的方式。这些都是把适用于一般物质的概念与方式强制地适用到人，此其为适用也显然是一种不认识的适用。

不过更重要的是第二层。人是比较唯一有理性而能自作主张的动物，也正唯如此，我们才产生了关系复杂的社会与制作丰富的文化。每一个人是一个有机体，每一个人是囫囵的，而其所以为有机，所以成为囫囵，每一个人又和每一个别的人不一样。这样，研究与控制的方式便又势须另换一路，即事实上必须每一个人各自研究自己方才清楚，各自控制自己方才有效，别人根本无法越俎代谋；别人有理由越俎代谋的，在任何人口之中，只是极少数的智能不足和精神有病的人。

所以真正的人的学术包括每一个人的自我认识与自我控制，舍此，一切是迂阔不切的、支离破碎的，或是由别人越俎代谋而自外强制的。前人的经验，无论中外，其实早就看到了这一层道理，所谓"自知者明，自胜者强"的一类原则的话即是。不过看到是一事，做到又是一事。以前虽也有过大致做到的贤人哲士，但总属少数，今后人的学术的任务，我以为就在更清楚地阐明此种看法，更切实、更精细地讲求它的做法，而此种学术上的任务也就是教育的最基本的任务。目前的学术与教育是已经把人忘记得一干二净的。学不为己而为别人，是错误；学不为人而为物，是错误之尤。目前该是纠正这错误的时机了。

有了明能自知掘能自胜的个人，我们才有希望造成一个真正的社会。健全的社会意识由此产生，适当的团体控制由此树立，否则一切是虚假的，是似是而非的。即意识的产生必然是由于宣传，而不由于教育，由于暗示力的被人渔猎，而不由于知、情、意的自我启发，而控制机构的树立也必然是一种利用权力而自外强制的东西。

这又说着当代文明人类的一大危机了。一般人对于自己的情欲，既裁节无方，控制乏术，有恐怖既不知善自镇慑，有忧虑又不知善自排遣，有疑难更不知善自解决。于是有野心家出，就其应裁节处加以欺诳的满足，应镇摄与排遣处，一面加以实际的煽扬、恫吓，而一面加以空虚的挟持，于是一国之人就俯首帖耳地入了他的掌握，成为被控制者，成为奴隶。其间极少数稍稍能自立的，即自作控制的，亦必终于因暴力的挟持而遭受禁锢、驱逐，以至于屠杀。独裁政治和极权政治不就是这样产生的吗？希特勒、墨索里尼一类的天罡星不就是这样应运而下凡的吗？

什么是野心家？从本文的立场看，野心家也就是最不能控制自己而不幸地又有一些聪明才干的人。一个人既不能控制自己，别人也无法控制他，就是野。"野兽""野蛮""野心"所指的全都是控制的不存在与不可能。希特勒是一个富有欲望的人，他尤其是爱权柄。他自己不知所以运用意志的力量来控制这欲望，反而无穷尽地施展出来，一任这欲望成为控制他人的力量。控制得愈多，他的权柄便见得愈大。控制了德国不够，更进而控制东欧、全欧，以至于全世界。

有一个笑话不是说希特勒拜访上帝，上帝不敢起来送行，生怕他一站起来，离开宝座，希特勒就要不客气地取而代之吗？这真十足地描写了野心家爱权若狂而丝毫不知裁节的心理。不过从控制德国以至于全世界，但凭欲望是不够的，他必须运用物力，必须驾驭科学；规模之大，又必须和他的欲望相配合，于是他又从人的控制进入了物的控制，从人力的滥用进入了物力的滥用。不过希特勒不能自己直接利用物力，他仍须假手于其他能利用物力的人。而就当时德国与其邻邦的形势而论，因为大部分直接运用物力的人，如科学家之类，向来没有讲求过自我控制，自作主张，也就服服帖帖地由他摆布，受他驱策，至于肝脑涂地而不悟。第二次世界大战，一部分所由演成的因缘不就是这样的吗？

祸福无门，唯人所召。文明人类一大部分的祸患，我们可以武断地说，是由于人自己酿成的，而其所由酿成的最大原因，便是自我控制的不讲求与缺乏。这种局势是自古已然，于今为烈。而今日所以加烈的缘故则在：一方面，自我控制的力量虽没有增加，甚或续有减削；另一方面，人对于物力的控制的力量，则因科学的发达而突飞猛进。终于使两种力量之间，发生了一个不可以道里计的距离。社会学家称此种不能协力进行的现象为"拖宕"。"拖宕"这一名词是何等的轻淡，而其所酿成的殃祸却真是再严重没有。不过这种严重的程度，一直要到第二次（世界）大战将近结束，原子弹发明以后，才进入一部分人的深省。

原子分裂所发生的力量是非同小可的，以视蒸汽的力量、电流的力量，不知要大出若干倍数。唯其大，所以更难以驾驭控制。大抵为了破坏的目的，在制敌人的死命的心情之下，此种控制比较容易，所以原子弹是成功了。但为了建设与人类福利的目的，控制的功夫似乎要困难得多了。浅见者流不断地以进入原子能新时代相夸耀，把原子能可能产生的种种福利数说得天花乱坠，不过沉着的科学家却不如是乐观。即如英国军事委员会的科学顾问艾里斯（Ellis）教授说，我们可能用原子能来驾驶海洋上的巨轮，但为了保护乘客与船员，所必需的一种防范的机构一定是笨重得不可想象，甚或根本不可能有此种机构。又如，生物学家赫胥黎（J. Huxley）说，原子分裂所发生的种种高度放射作用，对于人的健康与遗传是极度有害的。这又引起控制与防范的问题了。再如，英国奥立芬脱（Oliphant）教授指出，制造原子能的厂房一带所遗留的灰渣，会发出种种致命的电子性的"毒气"，而"毒气"所波及的地带便根本无法防卫，长期成为无人烟与不毛之地。

也就是这一类的科学家如今正进一步地呼吁着物力的控制，觉得前途控制一有疏虞，文明人类便要濒于绝境。不错的，这是一个悬崖勒马的时候了。不过我们在上文已经指出，问题的症结不在马，也不在那勒的动作，而在那做勒的动作的人。如果人本身有问题，临时不是不想勒，就是根本不知从何勒起。总之，他对自己既做不得主，对物名义上虽若做主，实际上又等于被物做了主去，结果势必是一个一发而不可收拾。

据说，当初英、美、加等国的科学家在新墨西哥州的试验场上，等待第一颗原子弹爆发的时候，大家就手捏一把汗，生怕它引起所谓连锁的反应，一发而靡所底止，后来幸而没有。可见即在谨严的科学家手里，物力的控制也不是一件有把握的事，如果掉进希特勒一类的人的手里，殃祸所及，那实是不可想象了。

总之，我们不得不认定人的控制是一切控制的起点，一切控制的先决条件。人而不知善自控制，在他应付物力的时候，别人想谆谆地劝勉他做妥善的运用，是不可能的。因此，我们又认为解决问题的基本途径不在政治、经济、社会的种种安排，有如近顷许多作家所论，而在教育。童子在操刀以前，必须先取得一番明强的教育，一个充分自知与自胜的发展。